나무속으로 들어간 새

나무속으로 들어간 새

이명길 수필집

수필과비평사

작가의 말

조지 오웰은 '유리창 같은 글이 좋은 글'이라 했다. 숨김 없이 보여주되, 현란한 구절이나 의미 없는 문장이 있어서는 안 되며, 형용사 남용으로 글을 맥없이 만들지 않아야 한다고 했다.

경험에서 출발하여 상상력이 배합된 글을 쓰고 싶었다. 그건 오히려 나를 내려놓아야 하며 진솔해야만 가능했다.

머리로 들인 것을 가슴으로 실천하기에 미흡한 사람이어서인지 내 글은 아직 설익고 미숙하다. 궁핍을 채우느라 나름대로 애를 썼지만 그게 잘 안 되었다. '좋은' 글을 쓰고 싶을수록 수필 쓰기가 고된 작업이기도 했다. 내 안으로 들이친 바람에 휘둘리다가 운 좋게 등단을 하고서야 그 바람마저 껴안게 되었다.

책으로 나왔다고 글이 완숙의 경지에 이른 것은 아니다. 소재에 대한 성찰이 더 다양하게 이루어졌으면 좋았을 걸 하는 아쉬움도 있다. 사유가 더 깊지 못함도 안타까움으로 남는다. 더 자연스럽고,

더 진솔하고, 더 깊어야 하는데 이를 어쩌랴. 부끄럽다, 이 또한 내 삶이기에.

책을 출간한다는 것이 사치라고 여긴 적이 있었다. 날개도 없지 못하고 날려는 것 같아 내 안에 부력을 잠재우며 살았다.

철이 드는지 감사할 사람이 많다. 여기까지 몇 분의 스승을 만나고 함께한 문우도 여럿이다. 이 모든 사랑이 오늘의 나로 세워 주었다.

그러기에 계속 주어진 시간을 아름답게 살려고 노력할 것이다.

나의 첫 분신이여, 안녕!

2017년 푸른달

이명길

CONTENTS

이명길 수필집
나무속으로 들어간 새

2부

나무속으로 들어간 새

3부

멀구슬나무

4부

내 마음의 숲

5부

천녀는 통화 중!

1부

화양연화花樣年華

해산解産

'천 년을 빚어낸 흙빛 숨결'이란 주제로 행사가 열리고 있다. 행사 중에 옹기의 탄생 과정을 보여주기 위해 몇 군데 가마에서 시연을 한다. 그중 문을 열기로 한 가마 앞에서 기다린다. 낮의 불볕이 등묘 위로 내리자 발아래 앉은 그림자가 지쳤는지 조금씩 동쪽으로 늘어진다.

오도카니 누워 있는 가마가 꼭 산모 같다. 제 몸의 열기를 다 내렸을 텐데도 해산解産 시각이 한 시간이나 지체된다. 그러고 보면 아무래도 순산이 어려운 게다. 노심초사하며 기다리는 사람들 눈빛이 나뭇잎에 반사되는 오후의 햇살처럼 빛난다. 잠시 바람이 숨을 죽인다. 노산을 지켜보는 나무들마저 애가 타는 모양이다.

가마는 옹기를 품기 전에 이틀 동안 예열로 몸속의 습기를 제거한다. 그 다음에 옹기를 품고 사흘 정도 다름불로 벽을 달군다. 그런 후 옹기의 색을 가늠하며 잿물을 녹이느라 양쪽 창구멍으로 창불을 하루 들인다. 마지막으로 가마의 열기를 서서히 식혀 문을 연다. 이 모든 과정이 옹기장이의 혼과 열정에 달렸다.

옹기 장인이 네 번째 등묘 앞에 선다. 망치를 들고 쌓아둔 벽돌을 거둬낸다. 불을 들인 아궁이로 옹기를 꺼내는 줄 알았는데 가마의 옆구리 문이 열린다. 그 앞에 한 평 정도의 레드카펫이 펼쳐진다. 산도마냥 붉은 색이 시선을 사로잡는다. 어떻게 생겼을까. 카펫을 통과할 옹기에 눈길이 쏠린다.

장인을 도와주는 옹기장이도 흙으로 봉해진 아궁이 앞에 섰다. 가마의 해산식解産式이라 흰 옷을 정갈하게 차려 입고 머리에 흰 끈도 동여매었다. 하얀 고무신까지 신었다. 그 모습이 귀한 자식을 받으려는 산파 같다.

첫아이 출산 때였다. 늦게 가진 아이이기에 가족의 걱정이 많았다. 해산날이 다가오자 태아의 머리가 크다며 난산이 될 것 같다는 의사 말에 겁이 났다. 진통을 겪다가 안 되면 수술할 요량으로 종합병원에 입원했다. 임신 기간 내내 유별난 입덧으로 고생했는데 출산 또한 순조롭지 못할 것 같아 애가 탔다. 무엇보다 주변 사람들의 말에 더욱 긴장되었다. 아이를 낳는다는 것은 몸속 뼈문을 온통 열었다가 닫는 것이라며 그 고통은 겪지 않은 자는 모를 것이라 했다. 어머니는 천장에 달린 전등이 눈에 뵈지 않아야 아기가 나올 것이라 했고, 언니는 웬만한 아픔은 죄다 엄살이라며 저승길 모퉁이를 쳐다보다가 와야 한다고 했다.

분만실에 들어가자 간호사가 내 팔에 분만을 유도하기 위한 주사를 꽂았다. 처음에는 통증이 잔잔한 물결처럼 밀려왔다. 배가 풍선마냥 부풀어 터져버릴 것 같았다. 허리는 왜 그렇게 아픈지 끊어지기라도 해야 의사가 달려올까. 그 정도의 아픔에는 누구도 아랑곳하지 않았다. 그런 와중에도 눈을 뜨고 올려다보면 일렬로 배열된 형광등이 고스란히 눈에 들어왔다. 어쩔 수 없이 하루의 반을 온갖 몸부림으로 견디었다.

고통의 극점까지 도달했다 싶은 순간, 내 몸에서 붉은 불덩어리 하나가 쑤욱 빠져나왔다. 나는 잠시 혼절했고, 아기의 울음소리와 함께 "왕자입니다!" 하는 목소리가 아득한 곳에서 들려왔다. 아기의 사지가 성한지, 손가락이 제대로 있는지 확인한 후 안도감에 까무룩 잠이 들었다. 세상의 어떤 고통이 출산의 순간보다 더할까. 출산처럼 아름다운 고통이 또 어디 있을까.

옹기장이가 등묘 속에 들어간다. 조심조심 정성을 다해 옹기를 들어낸다. 한배에서 나온 자식도 제각기 인물이 다르듯 옹기의 품새도 천차만별이다. 갖가지 문양이 새겨진 미끈한 몸매로 볕살이든다. 한껏 애를 다했을 가마의 온몸이 바짝 마른 듯 보인다. 더구나 낮은 언덕 구릉 위로 누워 있어 산고로 의식을 잃은 것 같다.

옹기는 잠시 레드카펫 위에 세워진다. 자궁을 빠져나온 아기를 살피듯 장인이 요리조리 돌려가며 본다. 제 몸에 틈내어 열꽃을 심은 건 아닌지, 성하지 못하여 비틀린 데는 없는지 세심하게 들여다본다. 손가락으로 두드려 울림을 주기도 하고 대견한 듯 쓰다듬기도 한다. 선택된 옹기는 가지런히 탁자 위에 놓인다. 태어난 옹기들은 이제 풍진 세상으로 내려갈 것이다. 포플러 나뭇잎이 바람을 내어 옹기의 몸을 식혀준다.

해산을 끝낸 가마의 몸이 초췌해 보이면서 성숙해 보인다. 어쩌면 여자의 몸도 출산으로 완성되는 건 아닐까. 생명을 잉태하는 것보다 더 숭고하고 아름다운 일은 없을 것이다. 비스듬히 누운 가마가 눈에 넣어도 아프지 않을 제 자식들을 느긋이 바라본다. 옹기종기 모여 있는 옹기들이 깔깔거리며 웃는다. 가마는 그제야 한숨을 돌리며 깊은 수면에 빠져든다.

람보운전

고속도로 나들목을 벗어나자 옆 차선에서만 차가 정체된다. 엉금거리던 자동차들이 내 앞으로 끼어든다. 서행으로 양보하자 달아나듯 달린다. 옆 차선을 곁눈질로 보니 검은 중형차가 차량 흐름에 상관없이 굼벵이 짓을 한다. 여자 운전자는 핸들에 몸을 붙이고 앞만 본다. 멋모르고 추월차선에 든 초보 운전자임이 분명하다.

겁에 질려 운전을 하던 때가 있었다. '왕초보'를 알리는 문구에 필살기로 윙크하는 눈까지 그려 자동차 등에 붙였으나 운전대만 잡으면 사시나무처럼 떨렸다. 끼어들거나 차선을 바꾸는 것은 엄두도 못 내고 낯선 길에는 나서질 않았다. 곁에서 빵빵거려도 태연해야 한다는 운전 선배의 말만 기억하려 애썼다. 그래도 가슴이 핸들에 들러붙었다. 그럭저럭 왕초보 딱지를 떼고서도 어정거리는 자동차의 꽁무니가 좋았다. 도로가 정체될수록 미적거릴 수 있어 운전이 편했다.

혼자 장거리 운전하여 객지에 있는 아들에게 갔다. 택배로 보낼 물건을 몇 가지 실었으니 기름값을 계산해도 지출이 크게 차이 나지 않았다. 컴퓨터를 바꿔주겠다며 비상금까지 챙겼다. 두어 시간이면 도착할 거리인데, 휴게소에 들러 쉬었다가 훨씬 시간을 넘겨 당도하자 아들이 긴장했는지 나보다 더 지쳐 있었다.

어설픈 운전 실력인데도 발동을 걸어 용기를 낼 수 있었던 것은 아들의 말 때문이었다. 도전정신이 부족하고 모험을 외면하기 때문에 여태 왕초보라는 것이다. 가보지 않고 어찌 아느냐며 낯선 길에 두려움을 갖지 말라 충고했다. 그게 어디 내 마음대로 되냐고 하자 무엇보다 담력이 없다며, 산을 넘어 유명한 짜장면 집부터 가보라고 부추겼다. 잘 닦인 도로로 가면 삼십 분, 산길로 넘어가면 십 분이라며, 산길을 선택하면 자기가 점심 값을 내겠단다. 무리인 줄 알면서도 결국 아들 말을 듣기로 했다.

인근 대학로를 가로질러 산길로 접어들었다. 간간이 차가 다니는지 황톳길에 자동차 바퀴 자국이 있었다. 기웃기웃 동네를 내다보며 바퀴만 굴리면 되는 줄 알았다. 반쯤 갔을까. 자동차 앞바퀴가 풀썩 하는가 싶더니 구덩이를 파고 기어들기 시작했다. 나무토막을 받치고서야 겨우 힘을 얻긴 했으나 차를 돌릴 만한 곳이 없어 돌아갈 수도 없었다.

며칠 암팡지게 내리던 봄비가 는개로 변했다. 겨울을 견딘 산은 맥이 풀리는지 흙이 잘박거렸다. 이름표를 목에 건 실험 작물들도 봄비에 자지러지는 것 같았다. 한동안 건조주의보가 계속되었는데 숲에 생기가 돌았다. 건초더미가 썩느라 군내마저 풍겼다. 곁에 지어진 축사를 보고서야 길을 잘못 들었음을 알았다.

산길이 만만찮았다. 얼마 못 가 자동차 앞바퀴가 또 구덩이와 승강이를 벌였다. 내 자동차가 4륜구동 SUV도 아니건만 다시 운전 실력을 시험해야 했다. 전진을 시도할수록 바퀴가 제자리를 맴도느라 진흙만 뿌렸다. 사방으로 흩뿌려진 진흙은 자동차에 호피 무늬를 그려둔 듯했다. 살다 보면 눈과 귀가 멀어 스스로 구덩이를 파는 예도 있는데 내가 딱 그 꼴이었다. "제 탓입니다!" 초보 시절 뒷좌석 유리에 붙이고 다니던 문구가 떠올랐다. 평소에 찾지 않던 기도문까지 외웠으나 내 람보 실력이 더는 통하지 않았다.

보험사에 요청하여 자동차를 견인했다. 밧줄에 묶여 구덩이에서 끌려나온 자동차가 잘못 만난 주인 탓을 하는 것 같았다. 도리 없이 비상금의 일부를 견인기사에게 건넸기에 아들의 컴퓨터는 물 건너가 버렸다. 아마 아들 가슴에도 시린 바람 한줌 할퀴고 갔을 것이다.

무모한 용기의 상처는 컸다. 그 때문에 내 가슴에도, 늙어가는 자동차 문짝 안에도 오래도록 진흙 자국이 남게 되었다. 그후 내 람보 실력을 추억거리로 부추길지라도 아들 말에 호락호락 넘어가진 않겠다고 맹세했다.

후회가 때로는 달가운 채찍이 된다. 후회하지 않기가 부득이하지만 초심을 찾는 자양분이 된다면 좋은 경험일 수 있다. 현재에 미래가 잉태되어 있듯이 나의 오늘에는 숱한 무모함이 용해되어 있다. 그럴 때마다 가슴을 쓸어내리며 그 경험이 한 치 키를 키웠다고 위안한다.

앞 차를 따라가면 나도 편하고 저 운전자의 마음도 편안해질 것이다. 자동차의 핸들을 틀어 추월 차선으로 든다. 이게 무슨 일인가. "운전은 초보, 성질은 람보^^." 앞 차의 왕초보 경고장이 거들먹거리듯 쳐다본다. 초보 주제에 성질은 람보라고 하니 건드려봐야 좋을 것이 없다. 따라가다 보니 앞 차의 으름장이 되레 애교스럽다. 누군들 애송이 시절이 없을 텐가. 왕초보의 심장 박동을 세듯 도로변 개나리 손짓이 유난스럽다.

그리움도 자란다

일 년 만에 시가의 사촌들이 만나 벌초를 한다. 뙤약볕에 짠물 빼기를 종일 하면서 지치지도 않은지 오가는 말이 구성지다. 시동생의 제초기 다루는 손길은 부드러워 동네 이발사처럼 각을 잘 잡는다. 어르고 달랜 봉분이 봉긋해지자 리듬을 타는 손길에서 재미가 느껴진다. 산소 옆의 도랑 물소리가 맑다. 간간이 부는 바람에 실려 온 흙냄새도 코끝을 간질인다.

아버님 삼형제에 큰어머님, 우리 어머님까지 열 구의 산소를 돌봐야 한다. 오가다 벌초를 못한 이웃 묘를 보면 그곳에도 제초기를 들이댄다. 동서와 나는 해마다 한 번씩 잘린 머리카락을 걷어내는 듯 서툰 갈퀴질을 한다.

뫼등에 잡초가 제 마음대로 자라 있다. 작년 이맘때 깎았는데 일 년 동안 키가 훌쩍 자랐다. 멀리 산다는 이유로 명절을 그냥 지나칠 때가 많아 일 년에 단 한 번의 벌초로 조상을 대한다. 풀이 봉분 높이가 된 것을 보니 기다림에 목이 길어진 부모님의 마음 같아 애잔하다.

남편이 제초기를 잡는다. 밋밋한 양날로 봉분 아래부터 달래듯 밀어댄다. 정수리로 추어올리는 이발 솜씨가 아직은 서툴다. 칼날 사이 잔디를 떼로 당길 것만 같은데 봉분이 금세 까까머리가 된다. 풀을 깎으며 남편도 가슴에 담았던 그리움을 달래는지 눈이 불그스레하다.

어머님은 내가 결혼하기 전 해에 지병으로 돌아가셨다. 기가 막히는 것은 그이와 함께 인사하러 간 그날 저녁에 피안의 세계로 가셨기 때문이다. 어머님은 두어 번 찾아뵌 나를 식구로 인정했는지 아들 결혼걱정을 하셨다. 애절했던 말씀에 당신의 마음이 온전히 녹아 있었으나 자식 결혼식도 못 보셨다. 우리는 일 년에 한 번씩 산소에서 고부간 회포를 푼다. 올해도 산소 앞에 준비해 온 과일을 내놓으며 마음속으로 어머님을 불러 본다.

내가 처음 인사 간 날이었다. 어머님이 불편한 몸을 털고 딸기를 사 오셨다. 내가 씻으려 했으나 한사코 말리더니 손수 접시에 차려 내셨다. 자꾸 권하시기에 하나를 입에 넣었다. 그 순간 아무 말도 못 하고 제대로 씹지도 않은 딸기를 꿀꺽 삼켜버렸다. 어머님이 초면의 나보다 더 당황했는지 철 이른 딸기에 설탕 대신 맛소금을 친 것이다. 어머님의 실수로 우리는 첫 만남부터 거침없이 목젖을 드러내며 웃었다.

어머님이 돌아가신 그날에 나는 딸기에 보답하는 마음으로 포도를 사 갔다. 제법 많은 양이었으나 누구에게 먹어보란 말씀 없이 혼자 그걸 드셨다. 그날 저녁 포도가 저승길 양식이었는지 그렇게 배를 채운 후 떠나셨다. 고부간에 살가운 정이 뭔지도 모르지만 때때로 어머님이 그리울 때가 있다. 내가 이러하듯 하늘에 계신 어머님도 그러하실 것만 같다.

마흔일곱, 완숙한 여자가 될 무렵 한줌 흙으로 돌아가신 어머님이 누워 계신다. 아버님이 별나다며 걱정의 말씀을 남겼던 어머님이지만 나란히 누운 모습이 따습다. 올해는 다른 곳보다 어머님 무덤에 풀이 더 숭숭 자랐다. 해마다 며느리가 벌초에 참석하리라 기다리는 어머님의 그리움인지도 모른다.

벌초는 내가 늙어 죽을 때까지 해야 할 일이다. 남편은 서툰 솜씨지만 정성을 다해 풀을 깎는다. 나도 생전에 다하지 못한 어머님의 머리카락을 만지듯 깎인 풀을 털어내고 쓸어낸다. 어설픈 나를 며느리로 믿고 가셨을 어머님을 뵙는 듯 마음이 편안해진다.

남편이 나쁜 액이라도 쫓듯 풀을 사방으로 뿌린다. 곰상스럽지 못한 솜씨에 힘만 쓰느라 온몸이 휘둘려 보인다. 그런데도 동생들을 아끼는 것인지, 재미가 있는지 메고 있는 기계를 벗지 않는다. 손길이 부드럽지 못하여 기계가 툭툭거리다가 급기야 떼로 잔디를 걷어내기도 한다. 그럴 때면 조상께 죄송하다는 너스레를 떤다.

일 년마다 우북하게 자란 풀을 베는 것은 고된 작업이다. 동서와 나의 갈퀴 짓도 해를 거듭할수록 솜씨가 좋아진다. 이러다가 우리 손에도 이발기가 들려질지 모를 일이다. 널브러진 머리카락 줍듯 풀을 쓸어내고 음덕을 기리느라 술잔을 올린다.

일 년 만에 이발을 마친 열 구의 산소가 까까머리로 호탕한 웃음을 짓는 것 같다. 훤해진 묏등으로 아버님, 어머님의 얼굴이 올려진다. 때맞춰 산들바람이 물초가 된 저들의 땀을 식혀준다. 부모님의 마음을 토닥였으니 또 한 해는 잊고 살겠지. 자식과 부모는 끝까지 바꿀 수 없는 그리움의 자리인가 보다.

세상의 그리운 것들은 소리가 없다. 모양도 없으면서 조금씩 표나지 않게 자란다. 다시 자라날 그리움을 뒤로하고 찬찬히 훑어보는 마음마저 개운하다.

낡은 화첩

집들이 아물지 못한 상처 같다. 뜯다가 만 채 수년간 방치되어 저절로 허물어져 간다. 마을 어귀에 표지석인 돌고래 한 마리가 철거 지역임을 알린다. 고래는 머리를 땅에 곤두박고 꼬리는 하늘로 향했다. 등에 검푸른 칠이 벗겨져 순탄하지 못한 지난 시간을 짐작하게 한다.

골목을 걷는데 집 한 채가 눈에 든다. 대문에 널빤지를 못질해 두고 무단출입을 허용하지 않겠다는 노란 딱지도 붙었다. 텅 빈 속은 어쩌자고 입마저 봉했단 말인가. 경사진 외벽 아래에 빈 생수통 여러 개가 몸을 포개었다. 저것들이 힘을 다해 집을 이고 버틴다. 담쟁이덩굴도 갈라진 벽을 껴안고 기다림을 익힌다. 기다린다는 건

길 위에 마음을 내려두는 거라고 했다. 그렇다면 저 묵묵한 기다림이 집의 자존심인가.

붉은 벽돌집도 다를 게 없다. 다락방에는 창틀만 남아 성호를 걸어둔 것 같다. 저 창으로 앞산을 들였을 집이건만 꿈꾸듯 조용하다. 저기서 뒹굴었을 헝겊 인형이며 목침, 철 지난 선풍기는 어디로 갔을까. 폐허가 되어도 오가는 걸 마다치 않은 건 거미뿐이었나 보다. 헤살을 부려둔 허공 그물에 걸려든 날벌레 몇 마리가 바싹 말랐다. 어쩌다 새 한 마리가 속없는 바람에 업혀 왔나 싶더니 무던한 볕을 타고 금세 날아가 버린다. 마당 한편 마른 채 서 있는 앵두나무가 흐릿한 그림으로 남은 유년의 뜰로 나를 데려다 놓는다.

어느 해 우리 식구는 고향 집을 떠났다. 그해 따라 앵두나무는 우리 집 사연만큼이나 열매를 많이 달았다. 앵두나무를 두고 이사한 곳은 바다가 내려다보이는 도시였다. 철이 들지 않아서였을까. 자주 볼 수 없던 바다를 눈앞에 두고도 고향 집이 마냥 그리웠다.

고향 집은 새 주인을 만났으나 오래도록 비어 있었다. 집도 사람의 발소리를 들어야 버틸 힘을 얻을 텐데 그럴 수가 없어서인지 점점 낡아갔다. 사람의 발자국이 지워진 마당에는 잡초가 무성했다. 감나무는 적적함을 견디느라 고개를 내민 듯 가지를 늘어뜨렸다. 예전만큼 생기가 보이질 않은 것은 앵두나무도 마찬가지였다. 집을 혼자 들여다보다 마음이 할퀴어 대청을 쓸고 가는 바람처럼 돌아서곤 했다.

얼마 후 새로 기와를 얹고 대문에서 섬돌까지 징검돌이 놓였다. 마당에 잔디가 심기고 키 재기하듯 들꽃도 심어졌다. 그런 후에야 집에 생기가 돌았다.

낡은 집들은 서로 다른 기억을 보듬고 있다. 대문 앞까지 목줄을 끈 강아지의 꼬리 짓과 푸른 작업복을 입은 장정들의 기름내, 골목을 채우던 삼겹살 냄새며 마당 한편에서 허리 굽혀 상추를 솎던 노모의 한숨 소리, 안방에서 텔레비전을 보며 깔깔거리는 웃음소리까지. 저마다 지울 수 없는 그림 몇 점을 가졌다. 그렇게 소박한 꿈을 꾸었을 집의 문짝은 어디 가고 벽지조차 뭉치로 앉았다.

시린 곳에 들이치는 바람일수록 뼛속까지 아리게 한다. 이층 계단까지 소란스럽던 쇼팽 피아노 학원 벽면에 그려진 졸라맨 무리가 아이들을 보는 것 같다. 백조 세탁소의 간판도 덩그렇게 남아 세제 향을 대신한다. 담벼락에 업힌 장미는 저리 앙상해서야 붉은 송이 몇 개나 달 수 있을지.

한때 이곳은 동네 중심부였다. 드문드문 자리하던 사택이 헐리고 언제부터인지 아파트가 숲을 이루었다. 대형 할인매장이 들어서고 교육 시범 지역이라며 초 · 중 · 고등학교가 세워졌다. 그즈음 동네는 자고 나면 땅값부터 달라졌다. 당연히 오래된 주택들이 눈엣가시가 될 수밖에 없었다.

고래를 잡으려면 그물부터 장만해야 한다. 그들도 그리 믿었을 것이다. 그러기에 가난을 떨칠 기회가 이번뿐이라며 묵은 인주를 묻힌 도장부터 준비했다. 수십 년 살아온 둥지를 놓고 흥정할 때는 이웃도 아랑곳하지 않았다. 그것만이 유일한 희망이었기에.

뿔뿔이 흩어진 그들 행방이 궁금하다. 어디서든 고래잡이 꿈을 잃지 않고 살겠지만 이곳에도 머잖아 생기를 찾게 될 것이다. 몇 번의 담금질 끝에 요즘 대세라는 소형 아파트가 지어진다고 한다. 어제의 밑그림으로 내일이 탄생한다는 것을 빈집을 보며 배운다.

빈집을 카메라에 담는다. 골목에서 우유를 손에 쥔 사내아이가 푸른 하늘을 이고 렌즈 속에 들어선다. 아이의 눈망울이 민들레꽃처럼 해맑다. 낯설어서인지 두 손가락으로 브이자를 그리고는 가버린다. 낡은 화첩, 그 끝으로 고래 한 마리가 물보라를 일으킨다.

담쟁이 액자

사진 속의 소녀를 바라본다. 눈빛이 사뭇 정겹다. 입꼬리를 올리고 검지와 중지는 세우고 있어 무척 쾌활해 보인다. 등 뒤로 벽을 타고 오르는 담쟁이의 풋풋함까지 전해진다.

어릴 적 나의 창은 온통 담쟁이가 에워싸고 있었다. 봄의 삭막한 벽을 기어오른 담쟁이는 초여름이면 아기 손바닥만 한 덩굴을 파랗게 풀어냈다. 가을에는 햇살바람에 팔랑이던 이파리가 붉게 물들다가 첫눈 내릴 무렵이면 오랜 벽화처럼 바래졌다. 그러기에 창밖에서 보면 내가 담쟁이 나라의 공주 같을 거란 착각에 빠지기도 했다.

누군가 나를 관찰한다고 의식하면서 상반신 치장에 신경을 썼다. 바깥에서 보이지 않을 아래에는 엄마의 몸빼를 입어도 누군가 보게 될 윗옷은 눈에 띄게 입었다. 창 너머 눈길이 느껴지는 횟수가 잦아지면서 밤이 이슥할 때까지 방에 불을 밝히기도 했다. 공부하기보다는 유행가 가사를 적어 배경 그림을 그리거나 시답잖은 시를 끼적일 때도 잦았다. 일부러 창 앞에 앉아 라디오 방송의 심야 프로그램을 청취하며 불을 켜지 않은 채 바깥을 살피기도 했다.

건너편 창은 크고 투명했다. 식구가 많은 집이어서인지 마루를 방처럼 사용하여 내가 원하지 않은 것까지 볼 수 있었다. 벽시계며 달력, 책상 등 그의 생활도구들이 한눈에 들어왔다. 몇 가지 옷이 벽에 걸려 있어 무엇을 입고 나갔는지도 알 수 있었다. 시간이 지나면서는 그가 책상 앞에서 볼펜을 돌리는 방향까지 읽었다.

그도 나를 의식하는 듯했다. 책상은 예전보다 깔끔하고 책꽂이에 꽂혀 있는 책도 가지런해졌다. 그가 공부를 잘하는지 못하는지는 알 수 없지만 시험 기간이면 나보다 먼저 불을 끄지 않았다. 옷을 갈아입을 때면 커튼이 닫혔는데 가끔 나에게 보이려는 듯 고구마만 한 알통을 쓰다듬기도 했다. 그런 모습을 훔쳐볼 때면 괜스레 얼굴이 붉어졌다.

그가 안 보이면 헛헛함에 수시로 창밖을 기웃댔다. 학교에서 늦는 건지 어디가 아프기라도 하여 바깥바람을 피하는지 마음이 쓰였다. 때로는 친구들과 모여 공을 차느라 여태 오지 않는 거라며 멋대로 생각한 적도 있었다. 그럴 때마다 머릿속이 한 사람으로 꽉 차서 그가 없는 건넛집은 인물이 없는 풍경 사진 같았다.

하루는 창을 여는데 창틀에 쪽지 한 장이 끼여 있었다. 그의 언어였다. 내 손길을 기다리느라 찔레꽃머리 햇살까지 베물었는지 종이가 바삭거렸다. 조심스레 펼치자 핑크빛 편지지에서 설익은 복숭아 냄새가 났다. 한 줄 한 줄 그의 마음 이랑을 헤칠 때마다 얼굴이 화끈거리고 심장 소리가 밖으로 새는 듯했다. 애써 태연하던 마음에 파문이 일었다. 그후 집에 돌아오면 눈길이 먼저 창틀로 갔다.

나무말미에 더위가 기승을 부릴 때였다. 서늘맞이 핑계로 불은 끈 채 건넛집 창을 살폈다. 무슨 일이 있었는지 물건들이 온 마루에 어지럽게 흩어져 있었다. 간간이 큰 소리가 어두운 허공에서 웅성거렸다. 고래 싸움에 새우등이 터졌거니 싶은데 누군가 커튼을 쳤다. 그날 밤에는 눅눅한 우기가 모조리 나의 창으로 몰려들었다.

동트는 새벽, 건넛집 창에는 누군지 모를 그림자만 어른거렸다. 숨죽여 지켜봐도 그가 보이질 않았다. 사진이 빠진 빈 액자만 바라보는 듯 허전하여 창 안이 궁금해졌다. 비어 있는 배경 속으로 그가 어서 등장하길 기다렸다.

며칠 뒤 두 번째 그의 마음을 받았다. 첫 편지와는 달리 검은 줄이 죽죽 그어진 하얀 편지지였다. 달랑 한 장으로 끝낸 편지에는 삶을 달래주는 푸시킨의 시와 함께 이런저런 고민이 스며 있었다. 어디에도 달콤한 향은 나질 않았다. 까까머리가 무슨 삶의 절망을 쏟아 두는가 싶어 실망스러웠다. 그를 만나면 무슨 말을 해야 하나 고민하던 마음도 멀찌감치 달아나버렸다.

그가 나를 보고 있어도 피하지 않았다. 일부러 창을 열어두고 갈래로 땋았던 머리를 풀어 손가락으로 쓸어 넘겼다. 방안의 먼지를 쫓고 옷가지를 털 때도 아무렇지 않은 듯 행동했다.

무심한 시간만큼 그에 대한 궁금증이 지워졌다. 창 앞에 앉아 무언가 보여주는 시간도 듬성해졌다. 답장을 주기는커녕 그쪽을 살피는 일도 시큰둥해지고, 밤늦도록 라디오의 달콤한 목소리로 자장가를 대신하던 설렘도 사라졌다.

담쟁이가 물들 즈음 또 한 장의 편지를 발견했다. 빗물에 젖었다가 말랐는지 봉투가 구겨져 있었다. 조심스럽게 종이를 펼치자 글씨는 잉크가 번져 엉망이었다. 내가 올 때까지 기다리겠다는 시간과 장소가 눈물처럼 번져 있고 겨우 맞춰본 날짜는 이틀이 지나버렸다. 엇갈린 상상은 거기에서 막을 내렸다. 오래도록 내게 반응이 없는데도 그의 행동은 여전했다. 굳어진 습관처럼 이쪽으로 고개를 돌리고 앉아 손가락 사이에 볼펜을 끼워 돌렸다.

앨범에는 내 삶의 변천사가 갖가지 배경으로 담겨 있다. 어떤 것은 수평선을 업은 새침데기로, 어떤 것은 식구들 사이에서 왈가닥으로 저마다 소중한 순간을 보여준다. 한창 멋을 낸 처녀부터 허름한 차림새도 마다치 않은 아줌마 시절까지 온통 초록빛이다. 삶의 액자 바깥은 싱그럽지만 않은 것이 사실일진대 사진은 행복한 모습에 초점이 맞춰져 있다.

삶의 순간순간이 그림이기에 살면서 많은 추억을 액자에 담는다. 그 순간이 전부가 아니듯 대부분 삶은 액자 바깥에서 다양한 색채로 펼쳐진다. 때로는 이를 악물어야 하거나 얼굴을 찡그리고 가자미눈으로 볼 수밖에 없을 때도 있다. 슬픔이 밀려오면 눈물을 쏟아내기도 하고 악바리로 분노를 터트리기도 한다. 앨범 속에는 그런 진솔함이 없다.

그는 나의 모습을 기억하고 있을까. 어느 사이 반백이 지나 겨울 담쟁이처럼 바랬는데 철없던 그 시절을 떠올리면 싱그럽기만 하다. 사진 속의 소녀가 나를 보고 웃는다. 푸른 웃음소리가 귓전에 들리는 듯하다.

호박에 줄 긋기

거울을 수없이 들여다본다. 스스로 봐도 내가 낯설다. 반백 년 익혀온 얼굴이 눈에 선 하나 그었을 뿐인데 하루아침에 달라 보인다.

딸의 혼사 일자를 받아 놓고 걱정거리가 생겼다. 본인 의사와 상관없이 찍어대는 사진 때문이었다. 내 딴에는 표정관리를 한다고 카메라 앞에 서면 김치니, 치즈니, 하물며 위스키까지 외친다. 그래도 사진을 찍고 보면 뜨나마나한 눈매가 바늘로 찔러도 피도 안 나올 것 같아 싫었다. 거기다가 나이를 속일 수 없는 것도 처진 눈꼬리 탓이라 여겼다.

보기에 좋은 떡이 먹기에도 좋다는 말이 있다. 외모를 보고 평가

하는 것이 옳은 건 아니지만 보기에 좋아 나쁠 건 없다는 말도 그럴싸하다. 그러다 보니 능력자가 피해를 보는 경우도 있다. 외모만 보고 사람을 평가하느라 실패하는 사례가 왜 없겠는가. 생긴 대로 살자고 다짐하고는 어머니의 눈을 떠올릴 때면 내 노후의 모습이 보인다. 만병의 근원이 된다는 감기조차 주삿바늘이 무서워 묵히는 얼간이가 어찌 그런 용기를 냈는지 결국 성형외과를 찾았다.

병원 대기실에는 나이를 불문코 사람이 많았다. 청소년부터 연세가 지긋한 할머니까지. 중년 남성도 섞여 있었다. 더 늦지 않아 병원을 찾은 것이 위안될 정도였다.

상담사와 마주했다. 그녀의 얼굴은 텔레비전 화면에서나 보던 미인이었다. 눈, 코는 물론 주름까지 완벽하게 의술의 힘을 자랑했다. 그녀가 쌍꺼풀 성형은 수술이 아니라 시술이라고 했다. 눈의 신경을 자극하여 평생 뜬눈으로 지낼지도 모른다며 겁먹었던 마음이 다소 풀어졌다.

상담한 후 보름이나 더 마음을 추슬러 병원에 갔다. 시술은 정말 간단했다. 눈두덩에만 마취하고 누워 있어 의사와 간호사의 대화나 동작을 다 알아차릴 수 있었다. 처음에는 눈꺼풀을 자르고 꿰매는 것이 느껴져 소름 돋았는데 의사의 굵고 낮은 목소리에 안도감이 들었다. 또 간호사의 나긋나긋한 목소리는 잠깐의 통증 따윈 아무렇지 않게 했다.

사나흘 퉁퉁 부은 눈으로 외출을 하지 않다가 어느 자리에 갔다. 평소에도 안경을 쓰고 다녀 사람들은 내 눈을 자세히 살피지 않는 것 같았다. 도둑의 저린 발이 이실직고하자 그들의 반응이 가관이었다. 어떤 이는 앞트임이나 뒤트임을 하지 않아 하나마나하다고 했다. 심지어 가까이 지내는 사람도 눈이 그렇게 처졌더냐며 의아해했다.

처진 눈꺼풀을 올린다고 자존감이 올라가는 것은 아니다. 누가 나를 특별히 봐주는 것도 더욱 아니다. 다만 내 부족함을 채운 자기만족의 행위일 뿐이다. 사람 눈이 마음의 창이라면 나는 창틀을 꾸몄다. 창을 통해 보이는 풍경이야 그때나 지금이나 마찬가지다. 어쩌면 내 이기적이고 좁은 마음이 작고 처진 눈을 통해 드러나는 것이 싫었는지도 모른다. 창틀을 고친다고 풍경까지 달라질 건 없을 텐데도 말이다.

'호박에 줄 긋는다고 수박 되랴.'는 말이 있다. 가치나 수준을 깎아내리려 할 때 사용되는 말이다. 얼른 보면 속과 겉이 모두 노란 호박보다 속이 붉으나 겉은 푸른 수박이 더 매력적이다. 겉만 보고도 속까지 알아챌 수 있는 호박에 비해 속내를 드러내지 않는 수박을 보면 진취적이고 청량감마저 든다. 거기다가 붉은 속은 달고 상큼하며 아삭하여 무더위를 이기기에도 좋다.

수박이면 어떻고 호박이면 어떠랴. 무엇이든 자기의 고유성을 가질 때 그 진가를 드러내는 법. 세상 천지에 근본이 달라지는 건 없다. 호박은 호박대로, 수박은 수박대로, 쌍꺼풀이 있는 눈이든 없는 눈이든 생의 몫을 할 때 그 가치가 독특해진다.

눈두덩에 가느다란 선이 상처로 남아 눈꺼풀을 당긴다. 아직은 뻑뻑한 눈알을 껌벅거리느라 상대를 보는 내 시각의 초점이 흐리다. 호박에 줄을 그었는데도 남이 언뜻 알아보지 못하는 게 조금 속상하지만 인위로 그은 선 덕분에 거울을 자주 본다. 입을 씩 벌리며 웃는 것도 카메라에 대한 두려움이 줄어든 것일까. 이제 수박이 되려는지 눈을 크게 뜨고 어디든 활보하고 싶다.

화양연화花樣年華

천지가 꽃밭이다. 보기만 해도 꽃 멀미가 날 지경이다. 연분홍 꽃잎이 분분히 날려 가슴까지 울렁댄다. 영원한 봄날이 없듯 영원한 청춘도 없다. 소리 없이 오는 게 봄인가 하면 즐길 새 없이 가버리는 것 또한 청춘 아닌가. 꼭 요맘때면 어딘가로 떠나고 싶어진다.

남편은 봄바람이 났다. 나이 들면서 궁둥이 붙이고 집에 있을 새가 없다. 언제부터인가 자전거를 타기 시작하더니 이참에는 타 지역으로 하이킹을 떠났다. 가슴으로 든 바람도 맥 놓을 때가 있을 텐데 남편에게 든 바람은 나이가 들어도 재워지질 않는다.

그는 마흔 초반에 몸이 불었다. 계절이 바뀔 때마다 바지를 한 치수씩 늘려야 할 정도였다. 내 잔소리가 두 배로 늘어도 허리둘레는 인격에 비례한다며 먹을 권리만 주장했다. 결국 혈압에 이상이 오고 콜레스테롤 수치가 무리구나 싶어져서야 운동을 했다. 한번하면 끝장을 보는 성격이어서 그 계기로 운동광이 되었다. 마라톤이며, 등산이며 집 밖에서 하는 운동에 흠뻑 빠졌다. 그러다 보니 일 년 중 집에 있는 날은 손가락으로 셀 지경이었다.

남편은 원래 동적인 성향이 아니었다. 정시에 퇴근하면 누가 불러도 귀찮다며 나가지 않았다. 그러던 사람이 누가 부르면 자다가도 마다치 않을 정도가 되었다. 게다가 중년에 들자 남들 하는 건 다 해볼 요량인지 다양한 취미생활로 무척 바빠졌다. 업무에도 부지런을 떠느라 휴일조차 출근하듯 나갔다. 게을러지지 않으려는 본인의 다짐도 있었겠지만 좋아진 건강에 탄력을 받은 듯했다. 일 년에 두어 번 하던 감기는 얼씬거리지 못한 지 오래되고, 어디가 쑤신다거나 지끈거린다는 말 따윈 들어볼 수도 없게 되었다. 심지어 내가 속을 할퀴어도 동판 심장에 귀문까지 닫았는지 감정 변화조차 없다.

봄은 오는가 싶으면 금세 가버린다. 가고 나면 또다시 오는 봄이지만 그때마다 아쉬움이 남는 건 그 시절이 짧기 때문일 것이다. 인생도 자연의 이치와 마찬가지인 것을. 혹독하고 매운 삶도 생각을 바꾸면 마냥 봄이겠으나 현실은 냉혹한 날이 부지기수다.

남편은 좋든 싫든 전공을 살려 평생 직업으로 알고 살았지만 제

속에 살얼음을 이겨내지 못했다. 두어 번 계열사로 환승하였으나 불혹의 문턱에 와서 생소한 조직으로 이직하여 휴직기간 하루 없이 지금껏 그 직장에 매여 산다.

그이라고 외로움을 모를까. 이 땅의 가장들이 돈 버는 기계로 전락함은 흔히 볼 수 있다. 남편도 젊은 시절에는 바쁘다는 핑계로 자식 재롱조차 마음껏 받아주지 못했다. 휴일이면 휴식만 찾느라 살갑게 장난칠 줄도 몰랐다. 그러다 보니 가족과 한 공간에 있어도 대화의 폭이 한정적이었다. 당연히 그런 사실이 혼자만의 문제는 아니었다. 그도 직장에 매달리느라 가장의 비애를 겪은 외로움의 전사였다.

남자들은 가정에서 존재감을 지키기가 어렵다. 통장으로 들어오는 월급은 아내가 관리하고 자신은 쪼가리 용돈으로 허덕거린다. 웬만한 집안일부터 자녀 교육 문제며 집의 평수를 늘리는 것도 대개 아내 몫이다. 내 남편도 예외는 아니었다.

남편은 지천명에 와서야 자신을 돌아보기 시작했다. 아이들이 성장하고 자잘하게 돈 들 일이 없게 되자 자신을 위한 투자를 과감하게 했다. 못 해 본 공부를 한다거나 외향적인 것에 신경 쓰면 멋이라도 있으련만 모임이나 취미의 가짓수를 늘리기에 힘을 쏟았다. 그러다 보니 어울리는 사람이 많아져 이래저래 분주해졌다.

또 한 번의 아름다운 봄날이다. 남편은 신명이 났다. 집 밖의 봄을 만끽하느라 그런 것인지 자신의 봄날에 반해버렸는지 하이킹을 떠나 보름 동안 연락이 없다. 나 또한 그의 봄이 길지 않다는 것을 알기에 방해하고 싶지 않다.

개천 가에 즐비하게 늘어선 벚나무에서 눈이 흩날린다. 꽃눈개비에 마음 젖는 건 내 몫이고 유등을 업은 개울은 봄기운을 듬뿍 받은 남편처럼 흥겹다. 바람에 날린 꽃잎이 시멘트 블록 사이에 숨어든다. 봄이 가고 있다. 알고는 있었지만 이토록 짧을 줄이야. 그의 인생에 한 점點을 남기고 가는 봄이 마냥 아쉽기만 하다.

애물

이만하면 맵시가 그만이다. 은회색의 몸피에 앞뒤 양쪽 눈이 똘망해 보인다. 창문도 날렵하다. 열쇠를 꽂지 않아도 조작할 수 있어 영특하기까지 하다. 그리 크지 않으니 내가 운전하기에 부담도 적다. 아무래도 새로 산 애물이 마음에 든다.

송년 모임이 잦은 연말이었다. 시내를 벗어나 외각지로 가기 위해 혼자 차를 몰았다. 번화가 쪽으로 달리는 차량이 붉은빛으로 꼬리 띠를 이었다. '쿵!' 느닷없이 내 차 엉덩이에 충격이 가해졌다. 순간, 자동차도 나도 까무룩 정신을 놓쳤던 것인가. 앞차 엉덩이에 내 차의 정면을 부딪고서야 상황이 짐작되었다. 졸지에 자동차는 앞뒤로 움푹 찌그러졌다. 처들고 있는 범퍼의 몰골이 난감하여 기가 찼다.

천만다행이었다. 삼중 추돌이었으나 사람이 안 다쳤기에 그나마 안도감이 들었다. 정체현상으로 머뭇거린 것도 감사하다 싶었다. 속도를 냈으면 어떻게 되었을지 상상만 해도 끔찍했다. 뒤차 운전자의 졸음운전 탓이었다. 운전자는 장거리를 다녀오느라 피곤했다는 말을 늘어놓았다.

뒤차는 덩치만 봐도 힘이 넘쳤다. 가만히 서 있어도 부딪치면 내 자동차가 찌그러질 것이 분명하였다. 차만 망가진 것이 신기할 따름이었다. 신음조차 내지 못하는 차를 견인시키자 그제야 아래윗니가 무전을 치는지 끊임없이 달그락대고 몸이 사시나무처럼 떨렸다.

십수 년을 함께한 자동차는 사람의 관절처럼 세월 탓을 했다. 부품을 하나 갈면 또 다른 투정이 이어졌다. 힘 발휘를 제대로 못 한다 싶어 엑셀러이터를 세게 밟으면 떨면서 쇠 깎는 소리를 냈다. 식구들은 자동차를 탈 때마다 내가 궁상을 떤다며 불안해 했다.

자동차는 물러갈 때를 알았을까. 그리 높지 않은 언덕길에서도 속도를 뚝 떨어뜨렸다. 신호대기 중에 기어를 중립에 두었다가 두어 번 움직이지 않아 곤혹을 치른 적도 있다. 삼거리에서 진땀을 쏟다가 쫓아온 경찰관에게 끌려나오기도 했다. 폐기처분을 할까도 했지만 짧은 시간에 이동하며 일을 하기 때문에 어쩌지 못했다.

사고를 수습하면서 세상에 내가 이해할 수 없는 경우도 있음을 알았다. 연식이 오래된 내 자동차의 몸값은 고물 수준이었다. 연수에 비해 주행거리가 많지 않고, 무엇보다 새 엔진으로 갈아 성능을 회복하였는데도 상품 가치를 인정해 주지 않았다. 얼마 전에 뒤쪽 옆구리를 차여 문짝을 교체해서 되레 인물까지 훤해졌으니 나는 보따리를 빼앗기고 뺨까지 맞게 된 격이었다. 사고 처리법이 이해되지 않아 억울하다며 차를 살릴 거라 오기도 부렸다.

자동차는 구입한 그날부터 애물이다. 보험금이며 세금은 차치하고라도 기름값도 만만찮다. 어쩌다가 한눈팔면 세금딱지가 날아와 속까지 긁는다. 더러는 주차요금까지 물어야 하고 가만히 세워두어도 값이 떨어진다. 연식에 따라 감가상각이 되지만 없어서도 안 된다.

얼마 전부터 세차장 가기를 먼 길 출타하는 것처럼 벼르게 되었다. 차는 오래될수록 예사스러워져 세세하게 눈길이 가지 않았다. 주차장에 세워두다가 문짝에 흠집이 생겨도 애달파하지 않았다. 오래 함께한 자동차가 차츰 벗어나는 그런 내 마음을 거니챘던 건 아닐까.

사고 자동차의 수리비는 제 몸값의 배가 넘었다. 정비사는 오래된 자동차가 사고를 부추긴다며 폐차를 권유했다. 가만뒀으면 몇 년 더 동행할 터인데 미련을 버릴 수밖에 없었다.

차는 한동안 심장도 맥박도 끊어진 채 정비사 구석에 방치되어 누구도 거들떠보지 않았다. 억지로 회생시키려니 모진 삶을 주문하는 것 같은 자책감마저 들었다. 결국 내 자동차는 폐차장으로 갔다.

쓸고 닦으며 교감을 나누어도 안전을 보장하지 못하는 것이 자동차다. 평생을 함께할 것처럼 애지중지 거두고 조심해도 한 치 앞을 알 수 없다. 옛날에는 없어 불편했으나 요즘은 있어서 겪는 고초가 하나둘이 아니다. 없으면 안 되는 소중한 것이지만 노심초사 마음을 놓지 못한다. 가만히 세워둬도 쌈짓돈까지 없애니 보통 애물이 아니다.

새로 산 자동차에는 내가 원하지 않은 기능들이 장착되어 있다. 아무리 좋은 기능을 갖고 있어도 내가 쓰는 것은 한정적이다. 조작 요령을 읽어봐도 도무지 이해하지 못한다. 무용지물의 기능이 잔뜩 든 애물에게 나는 또 마음을 뺏긴다.

오랫동안 함께하려면 긴장을 놓아서는 안 될 일이다. 마음에 평정을 찾으라고 달래기라도 하듯 잔잔한 음악이 흐른다. 아스팔트로 미끄러지는 바퀴 소리마저 경쾌하다. 그새 애물에게 톡톡히 길들여지고 있다.

공원 비둘기

공원 트램카 정류소에 비둘기가 모여 있다. 할 일이 없어 오는가 싶더니 마땅히 들를 곳이 되어 무리로 찾아든다. 녹슨 자전거 몇 대 거치대에 묶여 있고 종종걸음을 치는 비둘기들 사이로 매캐한 담배 연기가 가라앉는다.

원래의 습성을 잃는다는 것은 슬픈 일이다. 윤기가 없어진 날개를 보면 그렇고 무거워 보이는 어깨를 봐도 그렇다. 어쩌다가 무리에 섞이지 못하는 비둘기라도 보는 날이면 소소리바람이 가슴을 할퀸다.

마른하늘이 갑작스레 운다. 우산을 준비하지 못한 채 공원을 나온 사람들이 건물 처마 아래로 모인다. 소나기는 급히 다녀가기 마련이기에 비가 그치기를 기다린다. 잠시 후, 시멘트 바닥까지 적신 비가 태연하게 물러가자 기울어져 가는 해가 서쪽 하늘에서 고개를 내민다. 그제야 사람들이 발길을 돌리고 그 자리로 비둘기가 모여든다. 코앞이 매점이라 비를 피하던 사람들이 과자를 사 먹고 흘린 것을 놓칠 리가 없다.

젖은 바닥을 쪼는 비둘기들은 과자부스러기로 한 끼의 식사를 대신하려는지 사람들 시선 따윈 아랑곳하지 않는다. 저들의 움직임을 보는데 곁에서 비질 소리가 난다. 살펴보니 무리의 가장자리를 맴도는 한 마리가 있다. 어깨뼈를 다친 지가 오래된 듯 움직일 때마다 한쪽 날개로 바닥을 쓴다.

외톨이로 보이는 비둘기는 자신의 처지를 아는 것 같다. 초라한 몰골을 싫어할까 봐, 아니면 몸을 다친 후 마음마저 다친 것이 드러날까 두려운지 가장자리만 맴돈다. 저들만의 언어로 달래주는 비둘기가 있는 것도 아니다. 성한 비둘기는 자기 배를 채우기가 급급하다. 다친 비둘기는 여전히 혼자만의 아픔을 감당하느라 뒤뚱거린다.

산다는 것이 무엇에라도 예사로울 수 없지만 외돌고 있는 비둘기로 인하여 측은지심이 인다. 먹이를 주지 말라는 안내판을 외면한 채 과자를 사서 겉도는 한 마리를 위해 던진다. 내 의도와 달리 먹이를 낚아채는 건 건강한 무리다. 순식간에 몰려들어 콕콕 해치운다. 결국 외톨이는 코앞의 먹이도 놓치더니 저들이 먹고 돌아선 후에야 냄새로 위안하듯 그 자리를 쫀다.

세상에는 달곰하거나 짭짤하거나, 고소하거나 쓴 것이 많다. 그런 세계에서 내 입맛만 찾는다는 건 어려운 일이다. 자신이 강해지려면 쓴 것도 달게 먹을 줄 알아야 하고 고소한 것도 거두지 못할 맛처럼 거부해야 할 때가 있다. 살다 보면 어처구니없게도 이런 일을 겪게 마련이다.

무엇이 저들을 공원으로 내몰았을까. 한때는 통신용으로 쓰이기도 했으며 평화의 상징이기도 했다. 비둘기가 고층 빌딩을 마다치 않고 찾아다니자 구조물이 삭기 시작하고 심지어 전선을 망가뜨려 정전사태까지 일어난 적도 있다. 분비물에 유해 해충이나 곰팡이가 있다 하고 악취까지 심해 건강에 좋지 않다며 퇴치를 권했다. 그런다고 비둘기의 천성은 어딜 가지 않아 여전히 사람 주변을 찾아든다.

비둘기는 눈치가 빠르고 고집이 있어서인지 사람을 두려워하지 않는다. 급변하는 시대를 살기가 호락호락하지 않다는 것을 저들이 먼저 알아버렸는지도 알 수 없는 일이다. 고된 세월을 견디어 왔기에 이제는 안일함을 즐기면서 보호받으며 살고 싶다는 것인지도. 진정한 삶의 쾌락은 무조건의 온정을 벗어나야 얻게 됨을 알아야 한다. 주어진 먹이로 나날을 살다가 그대로 여생에 마침표를 찍고 싶지는 않으리라.

비둘기가 모여 있는 공원 나무 벤치에 노인 서너 명이 우두커니 앉아있다. 잎이 다듬어진 향나무 아래 회색 잠바를 입었다. 서로 친한 사이 같지는 않으나 후줄근한 옷차림으로 보아 비슷한 처지 같다. 저녁 식사라면 이른 시각, 바람이 희끗희끗한 머리카락을 파고드는데 빵 조각만 무심히 뜯고 있다.

2부

나무속으로 들어간 새

둥근 약속

저녁 시간 강변을 걷는다. 붉은 개양귀비가 가느다란 꽃대로 허리춤을 추고 다리의 불빛이 강물 속으로 뿌리를 내린다. 반짝이는 물비늘까지 곁눈질하는데 중저음의 악기 소리가 바람 등에 업혀 온다.

둔치 산책로 곁에서 한 남자가 색소폰을 불고 있다. 비켜선 가로등이 남자의 그림자를 키운다. 품을 덜 채운 달마저 희끗해진 머리카락에 내려앉는다. 사람들이 하나둘 모여들자 고즈넉함을 떨치려는 듯 그의 손가락이 현란한 춤을 춘다. 그에게 내린 빛이 열 손가락에 끼워진 반지와 어우러진다. 남자는 무슨 연유로 열 손가락에 빈지를 낀 설까. 연주를 듣는 내내 눈길이 반짝거리는 손가락에 머문다.

반지는 고대 이집트에서 영원한 행복을 바라느라 둥근 모양을 몸에 지니는 것에서 유래되었다. 또한 결혼과 결합을 상징하는 맹세의 의미도 있다. 오늘날에는 사랑의 증표이기도 하여 가난한 언약식을 할 때면 풀꽃 반지라도 나눠 끼게 된다. 어쩌면 '내 것'이란 표시가 더 강한지도 모른다. 그러기에 보석의 크기나 단단함으로 사랑을 저울질하는 사람도 있다.

나도 여러 번 반지에 마음을 엮었다. 어릴 적에는 과자봉지 안에 든 반지로 친구와 우정을 맺고 플라스틱 꽃반지로 철부지 마음을 채운 적도 있다. 성인이 되어서는 갖가지 액세서리로 치장하고, 친구들 몇몇이 똑같은 반지로 우정을 약속하기도 했다. 그러다가 정말 반지에 마음이 잡혔다.

연애 시절 그가 내 약지에 가느다란 반지 하나를 끼워 주었다. 반 돈짜리 배지를 녹여 만든 거였다. 가늘긴 해도 자물쇠로 채운 내 마음을 여는 데 최고의 열쇠가 될 거라 여긴 것 같았다. 언제 내 손가락 굵기까지 알아챘는지 자신이 나한테 줄 게 이것뿐이라 미안하다고 했다. 누렇고 동그란 실반지 하나가 그의 마음이라 믿게 되자 크기나 무게 따윈 문제가 되지 않았다.

약지는 심장에 정신적 전파를 보내어 어수선한 마음을 다스린다고 한다. 그러기에 주로 결혼반지를 약지에 낀다. 어떤 사람은 열 손가락 중 가장 예쁜 손가락이라 치장하기 좋다고도 하지만 나는 그런 의미를 벗어나 손가락에서 반지를 뺄 생각이 없었다. 반지를 볼 때마다 서로에게 하나밖에 없는 사람이라는 생각이 들었다. 결국 내가 그에게 인생의 노을도 함께 바라보기로 약속했다. 그건 내가 기억하는 약속 중에 가장 둥근 것이지 싶다.

둥글다는 건 가슴속에서 영글어가는 바람이 이루는 세계다. 직선이 한 점으로 만나야 비로소 구球가 된다. 그리 둥글어지려면 그에 맞는 타인의 힘과 환경을 줘야 한다. 사람도 저마다 기질이 다르기에 삶이란 시간과 고통을 깊이 체험하지 않으면 둥글어지기 어렵다.

남편이 처음 약지에 끼워준 반지는 어쩌다가 잃었다. 부부의 약조로 건네받은 결혼반지도 남몰래 찾아온 손님이 가져가 버렸다. 반지를 잃음으로써 그와의 약속이 허망하게 사라지면 어쩌나 걱정되었다. 이젠 그런 것에 마음 얽힐 나이는 지났으며 반지에 마음을 엮을 만큼 순수하지도 않다. 다만, 더러 멋내기로 반지를 낄 때는 있다.

남자의 반지는 어떤 의미일까. 건강, 아니면 사랑의 증표일까. 중년이 되어 독특한 멋을 찾느라 하나둘 손가락을 채웠는지도 알 수 없는 일이다. 남자의 색소폰 연주가 이어진다. 키를 누를 때마다 손가락에 끼워져 있는 반지가 반짝거린다. 자신에게든 타인에게든 가장 선한 약속으로 채워졌을 반지라면 그 약속이 무엇이든 우리가 몸담아 사는 이 세상처럼 둥글었으리라. 목관을 스쳐 나온 소리가 강물에 업혀 무심히 흘러간다.

플래시보

주물럭 치료사라 했다. 개량한복 차림새로 긴 머리를 질끈 묶은 영락없는 도사이다.

그분이 왔다는 소문을 들은 몇 사람이 찾아든다. 어떤 남자는 허리를 못 쓰겠다 하고 어떤 여자는 온종일 컴퓨터 앞에 앉아있어 목이 휘어졌다고 한다. 태평양 너머 산다는 그분은 가물에 콩 나듯 이곳을 다녀간다. 한번 오면 기를 다 소진하고 돌아가므로 언제 또 그분을 볼 수 있을지 모른다. 그러기에 이미 손맛을 본 사람들이 또 모여든다.

젊은 여자가 그분 앞에 앉는다. 어디가 문제인지 물음도 대답도 없다. 그저 그분이 여자를 빤히 살피다가 "오른쪽으로만 음식을 씹

는구나!" 한다. 여자가 "맞아요. 우째 그리 알아요!" 라며 화들짝 놀란다. 이미 그분의 손맛을 본 눈치다.

그런 손맛을 '기 치료'라 했다. 혈에 자극을 주면 막힌 것이 뚫려 기가 순환된다고 하였다. 기가 소통이 잘되면 만병이 거뜬해진다고도 했다. 실제 효험이 있어 병을 다스리는 데 도움이 된 사람도 많은 것 같았다. 하지만 나는 눈앞에 펼쳐진 광경이 생소하여 신기할 따름이다.

여자의 한쪽 광대 아래가 막혔나 보다. 그분이 손가락으로 눌렀다가 문지르기를 반복한다. 여자의 기 흐름이 제대로 안 되는지 손끝이 닿을 때마다 손사래를 치며 몸을 뒤튼다. 달래듯 속삭이며 강도를 조절하는가 싶더니 다시 경혈점을 누른다. 여자가 끙끙대더니 끝내 눈물을 훔친다. 그분의 손맛이 맵기는 한가 보다. 손으로 누르고 문지르는데 기진맥진한다.

그분이 아이패드를 열고 카메라 기능을 셀카 모드로 바꾼다. 면경처럼 여자에게 보여주자 얼굴이 훤히 비친다. 치료가 잘되었다고 하니 여자도 고갯짓으로 만족해한다. 나는 그녀 뺨에 벌겋게 새겨진 손자국만 보이고 뭐가 달라졌는지 알 수가 없다. 차례를 기다리는 사람들과 다르게 나는 의기소침해져 몸을 맡길 의향이 생기지 않는다.

얼마 전부터 허리가 몹시 아팠다. 허리디스크라고 하는데 왼쪽

다리 아래까지 속살이 찢길 듯 당겼다. 심지어 운전할 때는 아픈 다리를 치켜들어야 했다. 평생 안고 가야 하는 병이면 어쩌나 하여 귀동냥을 부지런히 했다. 용하다는 병원을 찾아가기도 하고 나았다는 사람들의 치료법을 따라 해보기도 했으나 차도가 안 보였다.

나를 안쓰러워하던 지인은 그분의 손맛이 기이하다고 했다. 만지기만 해도 굽어진 허리가 반듯해진다며 몸을 맡겨보는 것이 어떻겠냐고 물었다. 겁이 많은 탓도 있지만 워낙 아픈 몸이라 주저하면서 따라나선 참이었다.

여자는 치료를 끝내고도 훌쩍거린다. 눈물을 훔치느라 휴지가 말 못할 사연처럼 얼굴에 덕지덕지 붙어 있다. 그래도 서럽게 울기만 할 뿐이다. 그럴수록 그분이 예뻐졌다는 말로 달랜다. 부드러운 목소리가 푸근했던지 그만 한바탕 목을 놓는다.

뼈를 만지기만 해도 마음병이 치유되나 보다. 얼마 전 그 여자의 집안에 변화가 있었다. 대기업 중역 사원이던 남편이 갑자기 사직서를 던졌다. 부하 직원의 업무 과실로 힘들다고 했으나 자신의 마음을 전할 새도 없이 결정된 일이었다. 대책 없이 자기 직무에 책임지느라 실직한 남편 때문에 못내 아파했다. 쏟아내지 못하고 감춰둔 것을 그분이 기어이 주물러 터뜨렸나 보다.

어릴 적 몸이 약한 어머니의 어깨며 배를 자주 주물렀다. 그때마다 어머니는 "아이고, 시원하다. 세상에 명약이 따로 없구나!" 했다.

내게 무슨 힘이 있었을까마는 손끝이 야무져 맵다는 말로 주무르는 것을 기꺼워하도록 했다.

어머니는 소화가 안 된다며 자주 가슴을 쓸어내렸다. 가끔 방을 뒹굴며 명치끝을 쥐어뜯기까지 했다. 그럴 때면 내가 무릎을 꿇고 어머니 배를 만졌다. "더 세게, 더 세게!" 오른손 끝을 명치에 대고 왼손으로 덮어 힘을 보태면 어머니가 들숨 날숨 숨을 몰아쉬었다. 한동안 주무르다 보면 손목이 끊어질 듯했다. 그때쯤 어머니는 "이젠 됐다."며 땀범벅이 된 채 흥건하게 가슴을 적신 후에야 일어났다.

어린것의 마음에 위안을 얻었을까. 몸이 약한 어머니에게 체중을 실어 문지르기에는 내가 안성맞춤이었지 싶다. 잠시 그렇게 아픔을 잊으면 어머니가 젖은 눈으로 나를 토닥였다. 마음에 들었을까마는 어머니는 어린 나의 손맛에 삶을 추슬렀다.

그분 앞에 다른 여자가 앉는다. 인상이 달라져 못 알아보겠다고 하자 덕분이라며 추킨다. 여자도 그분의 손맛에 단단히 중독된 것 같다. 목등뼈를 맡기고 시원하다면서 어깨를 털럭거리다가 신음까지 낸다. 울고 나가던 여자만 봐도 이해가 안 되는데 더 희한하다. 하긴 앉은뱅이가 기어들어갔다가 걸어서 나간다는 이야기도 들은 적이 있어 내가 겪지 않으면 모를 일이다.

내 불신의 의도를 알아채었기에 도사가 틀림없다. 아무에게나 기를 주지 않는다고 한다. 말하자면 내 얼굴에 '당신 못 믿어요.'라고 써 있어 자신이 기를 쏟아도 치료가 안 된다는 말이다. 하긴 의사든 약사든 인연이 있어야 치료 효과를 본다. 신의 손을 몰라주는 내가 아무래도 무지한 것이 맞다.

마음에 없이 앉아 있어서인지 없는 병도 얻을 판이다. 허리가 끊어질 듯 뒤틀리고 다리가 따갑다. 보왕삼매론에는 몸에 병 없기를 바라지 말라고 했다. 병이 없으면 욕심이 생기므로 병의 고통을 약으로 삼으라는 것이다. 살다 보면 장기처럼 갖고 살아야 할 병이 자신을 겸손으로 이끌 수도 있다. 그분이 내 심중을 다 읽은 것이라 무안하지만 무심한 척 일어선다.

사람들이 하나둘 들고난다. 하나같이 아이패드 화면을 거울처럼 들여다보고는 미소를 짓는다. 심혈을 기울여 혈맥을 문지르는 도사님의 손맛은 확실히 중독성이 있나 보다.

나무속으로 들어간 새

천 년 비밀을 간직한 고분에 들어선다. 대낮의 햇빛 사이를 지나 고요가 칩거한 세상에 들자 먹빛을 풀어둔 듯 어스름하다. 안을 살피자 현세와 과거가 세월의 명암과 함께 내 몸을 감싸 안는다.

왕권에 힘쓴 자는 간 곳 없고 돌무지덧널무덤 안에는 껴묻거리가 보존되어 있다. 생활도구며 장신구와 전장품이 대부분이다. 모양이 온전한 것도 있지만 깨졌거나 조각으로 남은 것이 많다. 새의 날개를 단 금관이며 관모는 지배자의 권력이 다음 세상에도 이어진다고 알리는 것 같다. 그러고 보면 쇠도끼나 화살촉이며 칼은 호위무사를 대신하는 듯하다.

말다래가 시선을 잡아당긴다. 장니라고도 하는 말다래는 말을 탄 사람의 옷에 진흙이 튀지 않게 배 양쪽으로 늘어뜨린 네모난 판이다. 여러 겹의 자작나무 껍질을 덧대어 만든 채화판에 그림이 남아 있다. 바래지고 해졌으나 붉은 바탕에 그려진 흰 말은 금방이라도 흙먼지를 일으킬 듯하다. 갈기가 날리고 꼬리털이 뻗쳐져 바람에 날아오를 것도 같다. 뿔이 두 개 돋고 혀까지 길게 베문 머리는 신령스러운 기운마저 느끼게 한다. 자작나무와 백마가 서로에게 상생의 기를 넣어 타오른 불길이 은하수로 흐르지 않을까 싶다. 망자를 천상으로 인도하는 신성함을 장니 한 장에서 본다. 불멸을 꿈꾸는 천조天鳥처럼.

뒷산에 벌목작업으로 나무토막 몇 개가 버려져 있었다. 그중 하나에 눈길이 잡혔다. 잘린 모양이 반듯하고 크기가 아담하여 화분 받침대로 쓰면 좋을 것 같아 집으로 가져왔다. 와서 보니 아직 솔향이 묻어났다. 행여 갈라질까 봐 베란다 그늘에 두어 며칠 잊었는데 우연히 희끄무레한 형태를 보았다.

이리저리 돌려볼수록 나무토막에 희귀한 그림이 드러났다. 배었던 물기가 마르면서 문양을 갖추게 한 원인이 궁금했다. 매일 나무와 지내는 사람이라면 알 것 같아 전각 공예가에게 물어보고 목공소에도 가져갔다. 그중 한 사람이 촘촘히 새겨진 나이테 간격을 살피다가 방위인 듯 네 곳에 드러난 흔적을 보며 고개를 갸웃거렸다. 그러고 보니 옹이 크기에 따라 얼룩 형상이 넓적하거나 뾰족해져 있었다. 그 그림은 흡사 새의 형상 같았다.

푸드덕. 금방이라도 깃을 치며 날아오를 것 같은 새 한 마리가 나무속에 있었다. 작은 머리에 부리는 뾰족이 내밀고, 양쪽 날개는 수평으로 펼쳤다. 뻗친 꽁지깃에는 날고 싶은 수직상승의 의지가 가득 담겼다. 부리 아래쪽 나무 틈은 새가 세상과 소통하도록 약간 갈라져 있었다. 비상의 형상이 나를 끝없는 상상으로 이끌었다.

새는 어찌하여 나무속으로 들어갔단 말인가. 자유로운 비상을 즐기려면 온몸으로 대기의 중력에 저항하는 것이 특권이자 의무일 텐데. 충만한 자유를 나무속에 박아버린 동기는 무엇일까. 소나무와 함께 물아일체의 꿈을 꾸는가, 푸르디푸른 영원의 삶을 추구하는가. 누구를 용기로 위무하고 자신을 반성하며 새로운 꿈을 꾸는 것이 새의 비상이라면 나무의 몸짓은 깨어있는 삶이다. 무엇보다 공생의 삶이고 다음 세상으로 이어질 삶이기도 하다.

소나무인들 새를 수월하게 품을까. 불멸을 사모하는 새이므로 나무는 자신만의 은밀한 속마음을 새에게 보여주었다. 쉽게 들어간 것이 아니라 꿈으로 서로에게 어울린 인연이라 여겼다. 나무에 들어간 것이 새이지만 실은 나무가 새를 받아들였다. 받아들이고 들어가고, 포옹하고 갇히는 조탁의 인연이 있어 가능했다. 뿌리박고 사는 나무도 새를 품음으로써 날 수 있다는 희망을 원했으리라.

누구나 현실에 안주하지 않으려 한다. 더러 상처를 받아도 새로운 꿈을 꾸며 살아간다. 꿈을 놓치지 않는 삶, 그건 천마의 갈기이며, 소나무의 솔잎이며, 새의 깃털이다. 천마가 하늘을 날아가는 것도 바람이 있어서이고, 소나무가 우듬지를 키우는 것도 바람의 흔들림이 있어서이고, 하늘을 나는 새의 날갯짓도 바람이 파동쳐야 가능하다. 뻗고 펼치고 날고자 하는 것은 바람이 있어야 산다. 살아간다.

삼남매의 막내로 응석만 부리다가 멋모르는 나이에 결혼했다. 시어머니가 안 계신 집안에 오남매의 맏이라는 현실이 내 안에 바람을 일으켰다. 그러다가 둘째 아이를 낳는 시점에 직장을 그만두었다. 경쟁을 치르고 들어간 직장이라 별일 없으면 정년이 보장되는데 막상 퇴직하자 꿈을 펼치지 못한 것이 후회되었다. 그게 가슴에 옹이로 남았다. 그 후 몇 번 날갯짓을 해봤으나 뜻대로 되질 않았다. 하지만 꿈은 계속되었다.

그 꿈을 문학으로 돌렸다. 나무속으로 들어가 백 년을 견뎌 문양을 얻는 새처럼 문학 속에서 깃을 펴고 싶었다. 당연히 어려움이 많았다. 비바람을 몇 번 맞았음에도 그것에 자리매김하려 했으므로 보잘것없는 재능을 탓할 수 없었다. 글의 소재는 발견하고 글싹을 찾지 못해 속눈물도 흘렸다. 스스로 선택한 길이 불안하여 허황한 꿈인가 포기하려고도 했다. 이 길이라 다잡았을 때는 달콤한 희열을 선사했다.

문학은 마침내 내게 새가 되었다. 영생불멸은 아니더라도 언제부터인가 나를 치유하는 긍정적인 길잡이가 되어 내 속에 숨은 것을 드러내도록 해 주었다. 나의 얼이자 삶인 글, 나의 육신과 영혼을 남기는 글, 그것이 내게는 비상하는 모양으로 남겨진 새의 자체이다. 종종 내 속에서 새 한 마리가 퍼덕이는 느낌을 받는다. 글을 쓰다 보면 세상을 입질하는 부리가 생기고, 날 수 있는 날개가 생기며, 만사를 품을 수 있는 깃털도 생긴다. 그렇게 성장하리라. 언젠가 완성된 새는 내가 이 세상에서 사라지더라도 누군가의 가슴에 남을 것이다.

새는 긴 세월 나무와 함께했다. 신라 천 년의 〈천마도〉도 누구의 손에 발굴되어 비상하듯이……. 나무가 버려졌을 때는 아무도 새를 알아챌 수 없었다. 내가 주워 왔어도 내 문학의 시조새가 박혀 있음을 알지 못했다. 우리 집에 머물면서 보름간 눈길을 주고받는 동안 한지에 먹물이 번지듯 새의 문양으로 완성되었다. 무엇이든 하루아침에 이루어지는 것이 아니었다.

아침이 되자 비몽사몽인지 거실에서 '퍼드덕' 새소리가 들린다. 묵墨의 문양을 남겨둔 새가 창밖으로 날아간다. 내 안에 새 한 마리도 나래를 퍼덕거린다.

O와 X

키가 큰 여인이 혼자 히죽거린다. 군살 없는 몸매가 서른 중반은 됨 직하다. 머리를 동그마니 묶어 올렸으나 야윈 어깨 위로 흘러내린 긴 머리카락 몇 올이 실뿌리처럼 치렁거린다. 초록색 선글라스로 얼굴을 반이나 가렸지만 유리알 너머로 짐작되는 눈빛이 서글서글하다. 지친 더위라도 갈무리하려는 건지 시커먼 발등이 몇 겹의 땟자국을 뒤집어썼다. 너덜거리는 고무 슬리퍼까지 신고 있어 자유에 대해 끝없는 갈망을 하는 것도 같다.

도대체 언제, 왜 저리되었단 말인가. 살피는 것이 예가 아닌 줄 알면서도 여인에게 자꾸 시선이 꽂힌다. 그녀도 내 눈빛을 의식했을까. 쓰윽 날리는 웃음 속에서 가추가추 어린 시절 고향 마을 윤이 청년이 걸어 나온다.

윤이 청년에게 아재라든가 오빠라든가 하는 호칭 따윈 없었다. 그저 누구나 윤이라고 불렀다. 윤이는 화를 낼 줄 모르는 병이라도 들었는지 한번도 닦은 적 없을 것 같은 누런 이를 드러내고 다녔다. 더구나 누구를 미워하거나 싫어할 줄도 몰랐다. 그의 대답은 언제나 '예, 아니오' 중 하나였다. 허술한 바지춤은 버려질 물건을 담은 자루처럼 끈으로 묶고 다녔다. 개구쟁이들이 그 끈을 몰래 잡아당기면 훌러덩 벗겨졌다. 바지는 제 몸보다 넉넉하여 발목까지 와서야 걸렸다. 팬티도 입지 않은 윤이의 아랫도리를 보고 아이들이 배꼽 빠지게 웃으면 그도 덩달아 목젖을 드러냈다. 솥뚜껑만 한 손으로 한 대 올려붙이는 시늉만 해도 까불지 않을 텐데 그저 봄날 꽃처럼 세상 좋아라 하며 웃기만 했다.

아름드리 버드나무에 올라 놀 때도 윤이가 없으면 재미없었다. 소를 몰고 나왔다가도 우리가 부르면 후다닥 뛰어와서는 한 명씩 겨 자루처럼 가뿐하게 목말을 태워 나무에 올려 주었다. 윤이의 어깨를 밟고 나무에 올라 매미처럼 노래를 부르면 그는 아래에서 손뼉을 쳤다. 더러 강물을 우두커니 바라보고 앉았다가는 바람과 이야기를 나누기도 했다. 그러다가 바람 귀신이 보인다며 팔을 휘저을 때는 아무도 그를 건드리지 않았다.

지하철에 오르자 여인이 내 곁에 앉는다. 인사를 나눌 수가 없어 또 곁눈질만 한다. 여인은 언제부터 바람에 업혀 다니는 걸까. 기억의 뿌리를 찾지 못하는 것에 오히려 안도하는 듯 해맑다. 계절을 외면하는 옷차림과 같이 배낭도 묵은 흔적을 남기느라 색이 온통 바랬다. 몸에서는 출처 모를 썩은 기름내까지 진동한다.

여인이 배낭 귀퉁이를 열어 작은 수첩을 꺼낸다. 너덜너덜한 수첩이 그녀의 허물어진 시간을 보여주는 것 같다. 잠시 몽당연필을 입술 사이 끼웠다가 수첩 속에 내린다. 동그라미를 그리다가 가위표를 그리다가, 동그라미를 그리다가 가위표를 그리다가……. 도대체 무엇이 맞고 무엇이 틀리다는 건가. 수첩 한 장 빼곡하게 O와 X로만 메우는 동안 여인의 얼굴에 알 수 없는 웃음이 떠나질 않는다.

세상에는 맞고 틀린 일이 수없이 많다. 허물어진 사회에서 명확한 기준마저 사라졌기에 권력의 세계는 다 돌아버릴 수밖에 없는지도 모를 일이다. 박쥐를 보고 누구는 새라 하고 누구는 쥐라 한다. 도대체 누구 말이 맞는다는 것인가. 다양함을 받아들여야 한다지만 그건 지혜로 포용력을 발휘하지 못하는 부패한 자들의 변명이다. 우리 눈에 보이는 세상이 진실이라고 외친다면 인간이란 탈을 쓴 우리는 전부 미쳐야 마땅하지 않을까.

대답 없는 세상은 명쾌하다. 단순한 명제를 두고 온전치 못한 날의 답은 동그라미와 가위표, 둘 모두가 될 수 있지 않을까. 날마다 머리를 채워도 틀린 답을 벗어나지 못하는 하루하루가 여인의 수첩 속으로 숨어든다. 자유로워서 더 예쁜 여인의 쏟아지는 웃음이 꽃잎이 되어 한 잎 한 잎 차창으로 난다. 맞은편 차창에 꽃잎이 나풀거린다. 그 꽃잎 속에서 윤이 총각이 웃고 있다.

친정

친정은 그리움이다. 어머니라면 말할 것도 없거니와 피붙이만 봐도 버선발이 된다.

하나뿐인 질녀가 아이 둘을 데리고 내 집에 들어선다. 평일이라 아이 아빠와 함께 오질 못해 길 고생이 여간 아니었을 텐데도 얼굴에 꽃이 핀다. 어머니 기일에 만나기로 했으나 내가 가지 못해 보고 싶었던가 보다. 어린것조차 당김이 있는지 덥석 안겨 볼을 비빈다.

나는 직장을 다니느라 두 아이를 어머니 손에 키웠다. 매사 육아에 서툴러 혼자 아기를 볼 때면 심신이 지쳤다. 당시 차가 없어 어디를 가게 되면 분유통과 기저귀 가방만 해도 힘에 부쳤다. 그러기에 남편이 아이를 맡아도 몸살 앓기가 예사였다.

먼 길 시댁에 갈 때는 더했다. 자고 와야 했기에 짐이 많아 고역이었다. 돌아올 때 행여 먹을거리라도 챙겨 주면 무거워 못 들고 간다는 말을 못하여 슬쩍 빼놓기도 했다. 굳이 가게에 도움이 안 되는 것일 때는 들고 오기가 더 싫었다.

누가 뭐라 하지 않아도 시댁은 각다분했다. 어머님의 역정을 들은 적도 없고 아버님이 까탈을 보이는 것도 아니었다. 묵묵하신 어머님은 어설픈 며느리를 위해 새벽같이 일어나 밥부터 지었으나 어린 손자를 위한 반찬을 따로 신경 써 주진 않았다. 화학조미료를 듬뿍 치고 간이 넉넉히 든 것을 먹여야 했다. 하지만 아버님은 아무 것이나 잘 먹어야 한다며 아이의 입이 짧을까 봐 걱정했다. 그럴 때는 내 손으로 반찬 한 가지를 만들려 해도 유별나다고 할까 봐 눈치가 보였다.

시댁에서는 굴퉁이가 되었다. 아버님이 선풍기를 앞뒤로 틀어줄 때도 날개의 먼지에 눈이 가서 달갑지 않았다. 가탈을 부린다고 할까 봐 몰래 날개를 풀어서 씻어 놓고는 모른 척했다. 작은방 이불은 우리가 갈 때만 장롱에서 나와 습도가 높았다. 기관지가 예민한 아들이 이불 진드기에 탈이 날까 봐 소독제를 들고 다니며 몰래 뿌렸다.

친정 나들이는 달랐다. 나를 기다릴 어머니만 떠올리면 행동이 재발라졌다. 푸성귀를 싸 줘도 마다치 않고 가져왔다. 돈 되는 것도 아니면서 부피만 키워도 싫은 내색을 하지 않았다. 아이들도 동네를 들어서기 무섭게 '할머니'를 외치며 달려갔다. 그것이 좋았던 어머니는 내가 도착하기 전 집 앞에 나와 솟대처럼 서 있었다.

친정에 가면 냉장고부터 열었다. 먹을거리가 부실하다며 되레 잔소리도 했다. 잠자리가 불편해도 어머니 곁에만 가면 잠이 달았다. 밤이 깊도록 이야기꽃을 피우느라 그런 탓도 있지만 왜 그렇게 잠이 쏟아지던지 등이 방바닥에서 떨어지질 않았다. 새벽기도 다녀온 어머니가 아침 차리는 소리를 듣고서야 마지못해 일어날 때도 있었다.

몸이 아프다가도 친정만 가면 힘이 펄펄 났다. 장롱을 뒤져 묵은 빨래를 하고 부엌 살림살이를 다 들어내어 다시 정돈해도 재미있었다. 아이 둘이 다 자라도 어머니는 나를 아끼느라 좋은 날에 당신이 할 거라면서 말렸다. 하지만 그렇게 하고 나면 내 속이 더 시원했다.

시력이 떨어진 어머니가 티끌을 제대로 고르지 못해 나물 무침에 섞일 때도 있었는데 그래도 맛있었다. 특히 내가 갈 때면 계절도 마다하고 아이들이 먹을 수 있는 고디국을 끓였다. 찬밥을 싫어하는 것도 잊지 않고 금방 김을 뺀 새 밥을 올려 주었다. 기름기가 도는 흰밥과 갓 담은 김치까지 먹으면 그 맛이 일품이었다.

시댁에서는 어른들의 마음을 살피기보다 눈에 뵈는 도리만 애썼다. 명절이면 종일 부엌일을 하고도 누워있지 않았다. 아버님의 걱정이 싫어도 내색하지 못 하고 아이가 울어도 어른 눈치부터 살폈다. 이러면 될까, 저러면 될까 하여 온통 마음이 쓰였다. 갈 때마다 어려웠던지라 시댁을 다녀오면 하릴없이 몸이 무겁고 늘어졌다.

친정에서는 어머니 마음을 먼저 짚었다. 주고 싶은 마음이 읽히면 좋아하지 않아도 잘 먹는다며 들고 왔다. 설거지해 둔 그릇에 미처 씻기지 못한 양념을 발견해도 넘치게 투정을 부리고서 웃었다. 파리와 모기가 득실대도 친정이 편했다.

자식이 오면 반가운데 가면 더 반갑다고 한다. 어머니도 그랬을까. 질녀가 누워있는 것을 보자 편한 잠을 뺏겨도 내색하지 않던 어머니가 떠오른다. 우리 아이들이 게걸스럽게 먹고 나부대도 어머니 얼굴에 웃음이 가시질 않더니 질녀 아이도 뭐가 그리 좋은지 집안을 놀이터처럼 뛰어다닌다.

아이 눈높이에 맞추는 일은 어쭙잖으면서도 즐겁다. 사다 놓은 간식거리를 야금야금 먹는 것도 귀엽다. 읽고 싶은 책만 고집하지만 그 또한 기특하다. 국은 어린것의 입맛을 먼저 맞추느라 밍밍하게 끓여 들어내고 맛을 잡아도 신이 난다.

행여 질녀가 식구들 눈치라도 보는지 신경이 쓰인다. 어머니도 내가 다녀갈 때면 부족하여 서운할까 애를 썼다. 그게 싫지 않기에 나는 어머니 곁에 가면 막무가내 철부지가 되었다. 질녀도 내가 친정 피붙이라 마음이 놓이는 것인가. 아이를 맡겨 두고 저 할 일에 몰두한다.

하루 묵었다가 가는 짐이 만만치가 않다. 약한 체격에 아이를 안은 자태는 영락없는 캥거루다. 내가 준 동화책이며, 유기농으로 담근 유자차까지 들고 가기는 도저히 무리다. 어쩔 수 없어 택배로 보내주기로 하고 짐을 덜어 놓으나 그래도 몇 가방이다. 열차 안에서 칭얼거릴 아이를 위해 썰어 둔 과일도 아무 말 않고 담는다. 그래야 내 마음이 편하다는 걸 질녀가 아는 눈치다. 작년에 뜯어 두었다가 만든 쑥떡도 마다치 않고 챙긴다. 별것 아니라 무겁다며 밀어낼까 걱정했는데 군말하지 않아 고맙다.

돌아보는 질녀의 얼굴이 함박꽃이다. 물설고 낯선 타지에서 얼마나 외로웠으면 고모인 내 집을 다녀가면서도 저리 환해질까. 나에게 친정 냄새가 나긴 했을까. 손 흔들고 나서는 질녀의 뒷모습이 애잔하다. 머잖아 내가 보고 싶어 다녀가라 하면 앞뒤 짐을 매달고 또 달려와 주겠지.

젖은 오후

산 그림자가 길게 누웠는데 낮달이 덩그렇다. 자동차를 운전해 굽어진 순환도로에 들어서자 앞의 트럭에 소 한 마리가 실렸다. 소는 도살장으로 갈 것이다. 무슨 말을 하고 싶을까. 소의 젖은 눈빛을 보니 온몸이 눅진해진다. 밀려서 제자리걸음을 하는 차들이 운구 행렬 같다.

평생 일만 하다 육보시하러 가는 저 소는 왜 울음 한번 길게 울지 않을까. 하고 싶은 말인 듯 두 눈에 물기가 그렁그렁하다. 꾸역꾸역 되새김질하는 걸 보니 귀만 열린 채 말을 삼키던 지인을 보는 듯하다.

얼마 전 지인이 돌아가셨다. 종심을 갓 넘겨 아직은 아까운 나이란 생각이 들었다. 집안 행사에서 만날 때면 정장 차림이 잘 어울렸다. 때론 하얀 와이셔츠에 노타이가 산뜻하기도 했다. 벗겨진 정수리에 머리카락을 심었을 때는 청춘을 찾은 듯 행복해 보였다. 이제 어디에서도 그런 모습을 볼 수 없다.

그분은 지저분한 걸 참지 못했다. 사람이 많은 데나 후줄근한 곳에 가면 궁둥이가 바닥에 닿는 면적 만큼만 비질했다. 마치 본인의 상처를 닦는 것 같았다. 그걸 보자 유별나서 못 살겠다는 아내의 넋두리가 이해되었다. 우리 어머니를 예우하는 것이 깍듯하여 한솥밥을 먹고 살을 비비며 산 형제 같았다. 내가 다 커서야 알게 되었는데 권세를 누리던 아버지의 허물을 덮느라 그의 할머니가 밖에서 데려와 키웠다고 했다. 어린 시절 유독 몸이 약해 쓴 약을 입에 달고 살았지만 출생의 비밀을 알고부터 공부를 핑계로 집을 떠나서 지냈다. 그런 상처 딱지를 떼고 싶었을까. 장소를 불문하고 무엇이든 간동하지 않으면 가만 보질 못했다. 티끌 하나도 그냥 두질 못해 씻고 닦는 건 따를 사람이 없었다.

같은 지역에 살아서인지 우리 집에 더러 왔다. 어머니의 적적함을 달래러 와서는 술을 나눌 때가 있었는데 나의 행동까지 눈여겨보았다. 그럴 때면 나를 긴장시켰다. 양말을 벗고 있으면 손님이 왔는데 맨발이 뭐냐고 꾸중했다. 어머니에게 말버릇이라도 달라질까 덧대어 훈계할 때는 공자, 맹자 다 들먹여 하품을 삼키게 했다.

우리의 행동이 마음에 차지 않으면 어머니는 그분을 들먹였다. 오빠까지 눈여겨보았다가 그분에게 이르곤 했다. 장성한 오빠의 손에서 처음으로 담배 냄새가 났을 때에도 아버지보다 그분을 먼저 불렀다. 그분이 오빠 어깨를 감싸고 골목이라도 나갔다가 오면 어머니 얼굴이 금세 푯푯해졌다. 어머니는 나의 미운 짓까지 고하여 그분 앞에 무릎을 꿇게 할 때도 있었다. 그때는 그분의 충고가 아버지의 꾸중보다 싫었으나 지금 생각해 보면 세상을 똑바로 살 수 있도록 해 준 것도 그 영향이 아니었을까 싶다.

장마로 나날이 축축할 때였다. 그분의 병환이 깊다는 연락을 받았다. 대도시의 큰 병원을 두어 군데 거쳐 희귀병명으로 진단되었으나 발병 원인이 판명되지 않았다. 문병을 갔을 때 야윈 아랫도리가 벗겨져 있었다. 발끝까지 신경이 죽어 욕창으로 고생할까 봐 그랬다. 그걸 몰랐던 내가 환자복으로 가리다가 간병인에게 싫은 소리를 들었다. 하지만 말문이 먼저 닫힌 그분의 눈꺼풀이 걱정하지 말라는 듯 화답했다.

그분은 눈만 뜨고 지낸 시간이 길었다. 그래서인지 장례식장이 썰렁했다. 빈소는 어린 손자와 젊은 아들 내외가 우두커니 지키고 있었다. 티끌 하나 제 몸에 붙은 것을 보지 못한 사람이 어쩌다가 몹쓸 병마를 껴안아 제대로 싸우지도 못하고 갔을까.

삶의 종착역을 아는 사람은 없다. 예고 없이 가기도 하지만 참담

한 고통을 모질게 겪은 후에 떠나기도 한다. 환자의 누운 자리가 오래될수록 가족조차 구렁텅이 삶이 되는 건 어쩌지 못할 일이다.

신은 왜 보낸 차례대로 부르지 않고 제비뽑기라도 시킨 것처럼 순서 없이 데려가는 것일까. 영정을 바라보니 사진 속의 눈이 축축해 보였다. 먼저 가서 미안한 걸까. 구석진 자리에 앉은 늙은 형님 쪽으로 눈길이 가 있었다. 자식 다르고 형제 다르다고 했기에 사진 속 얼굴이 저무는 저녁 소소리바람에 뒹구는 낙엽처럼 쓸쓸해 보였다.

젖은 소의 동공이 영정 속 지인을 닮았다. 옆구리로 따개비처럼 붙은 불순물마저 그분 몸에 욕창 같아 트럭을 앞지를 마음이 생기지 않는다.

소는 먼 길 따라온 쇠파리가 귀찮은가 보다. 꼬리를 몇 번 휘두르다가 가만 내버려 둔다. 마지막 배웅인가. 달도 온기를 잃었는지 하얗다.

어느새 길이 뚫렸다. 긴 행렬이 제각각의 속도로 달린다.

구두를 읽다

낡아가는 구두가 속 좋은 사람 같다. 몇 번 굽을 갈고 밑창까지 갈아 오랜 친구처럼 편안해 보인다. 오른쪽 엄지발가락 부분이 볼록한 것으로 보아 구두는 발의 기억을 오롯이 담고 있는 것이 분명하다.

남편이 수년간 산행에 빠진 적이 있었다. 물초되어 와서도 아무렇지 않다며 걱정을 외면했다. 뭉툭한 대답으로 내 군담을 막았으나 그의 발이 까탈을 부렸다. 오른쪽 엄지발가락 옆구리에 생긴 멍울이 커졌다. 무지외반증 같으나 다른 치료법을 알려고 하지 않았다. 가끔 물파스로 발을 달래기만 했다. 그런 모습을 볼 때마다 발 형태를 고려하지 못한 신발을 권한 건 아닌가 싶어 미안했다. 남편에게는 멋보다 편함을 택하는 것이 신발만이 아니지만 유독 길든 한 켤레가 빈센트 반 고흐의 '구두'를 연상시켰다.

명화에 담긴 구두는 오른짝 발목이 풀썩 접혔고 왼짝의 끈이 길게 늘어뜨려져 있다. 흙내를 묻힌 갈색 구두가 전장을 누빈 군화 같아 보기만 해도 묵직한 고단함이 묻어난다. 저 구두는 발에 옹이를 만들지 않으려 얼마나 애를 다했을까. 그림을 보면 구두의 질긴 하루가 저울질 된다. 등가죽까지 희끗희끗 낡아 있어 세월을 짐작하게 한다.

구두는 사람의 풍채를 들었다 놓았다 한다. 그러기에 여러 켤레를 두고 구색 맞춰 신는다. 더러는 발을 넣을 때마다 광을 내고 밑창 갈무리도 잘해야 한다. 하지만 길이 덜 든 구두일수록 뻣뻣하여 구둣주걱으로 뒤축을 달랜다.

남편은 새 구두를 좋아하지 않았다. 빽빽하여 발이 갑갑하다고 했다. 새것도 신는 버릇해야 길들여진다고 하자 어느 날 새것을 신고 나가서 낡은 구두로 바꿔 왔다. 야심한 시각에 식당에서 오도카니 주인을 기다리던 구두였다. 가죽이 씻어 말린 더덕 같았고 굽도 가마 속 옹기의 굄돌같이 기울어져 있었다. 해진 구두를 신고 온 것이 이해되지 않았다. 하지만 그는 익숙한 낡음에 잠시나마 편안했을 자신의 발이 기특하다고 위안했다.

세상살이에 폭 젖은 구두는 눈물 빵을 먹어본 사람처럼 부드럽다. 어떤 것도 가리지 않고 수용할 것 같은 여유로움마저 보인다. 고생해 본 사람끼리 정을 쉽게 나누듯이 널브러진 품에서는 발도 더 편안하다. 본인의 행적을 가장 잘 아는 것이 신발이기에 낡았거나 싫증이 난다고 무심히 버릴 수도 없다.

신발장에 잠만 자는 구두가 여러 켤레다. 유행을 좇고 구색을 갖추느라 들여온 것들이 이런저런 이유로 외면당한다. 어느 시인의 말처럼 저들이 나를 버려둔 것인지도 모르지만 잊힌다는 것은 서로에게 슬픈 일이긴 하다. 그러지 않으려 하자 오래된 것에 마음이 묶인다.

세파에 쓸려본 것은 속부터 영글어진다. 함께하려면 서로 마음자리를 내어줘야 하는데, 구두와 발의 관계도 마찬가지다. 새 구두는 거친 바람을 질펀하게 재우고서야 포용을 배운다. 그런 뒤 가지고 있던 기질을 버리고 푼푼해진다. 그가 곰살궂어진 것도 나를 거느르라 품을 키워서일 거다.

구두에서 묵은 냄새가 핀다. 홀로 익힌 침묵으로 무게 중심을 잡느라 굽이 한쪽으로 기울어져 있다. 가정과 사회에서 고단함을 견뎌내느라 생긴 옹이를 거느르는 품도 보인다. 낡은 구두에서 일몰의 시각으로 저물어 가는 깊고 편안함을 읽는다.

나비, 떠나다

시동생이 피안으로 떠난 지 사십구일째다. 사찰 뒤곁 소각대에는 고무신 한 켤레가 얹혀 있다. 이승의 삶이 기껏 마흔일곱 해인 망자를 다음 세상으로 들게 하는 의식이다. 잔설이 희끗희끗한 산천도 목탁 소리에 숙연해지는지 바람을 재운다.

시동생은 오래전부터 꿈꾸던 전기 관련 사업체를 준비하고 있었다. 자격증을 갖추고 사업 고리도 제법 단단하였다. 유능한 경영자가 되기 위해 산지식이 필요하다며 마지막으로 체험현장에 들어갔다. 당찬 미래의 청사진을 보여주는 것 같아 그의 삶에 봄이 성큼 다가올 거라 믿었다.

냉기가 혹독한 휴일이었다. 순식간에 그가 다른 세상으로 가버렸다. 이만 볼트가 넘는 전기는 공사장 일대를 잠재우고 왜 유순한 영혼마저 데려간 것일까. 서너 차례 닥칠 꽃샘추위를 지레 겁먹기라도 한 듯 그렇게 떠났다.

그는 다른 형제와 다르게 부모나 동기간에 정을 살갑게 표현했다. 아버님이 돌아가시고 우리가 제사를 모시게 되자 먼 길도 무던하게 다녀가야만 마음이 편한 듯했다. 그때마다 형을 부모의 자리에 세워주느라 애를 썼다. 그런 그가 미더워 내 집에 올 때면 마음이 먼저 좇아가지 않을 수가 없었다.

청년 시절에는 열악한 환경의 나라에서 두어 해를 살았다. 대꼬챙이 같은 성품인데도 생면부지의 땅에서 가족의 기쁨이 되기 위해 악전고투했다. 그건 한시도 성충을 잊지 않은 고치의 삶인지도 모른다. 주변 사람들도 그의 미래가 화려해도 좋으리라 믿었다.

그가 학창시절 때였다. 운동을 좋아하는 그에게 유명 상표의 운동화를 선물한 적이 있었다. 오매불망 가슴에 품고 눈요기만 하던 신발이어서 펄펄 뛰며 좋아할 줄 알았다. 하지만 친구들과 함께 운동장을 뛰어도 괜찮겠다며 어설프게 감정을 절제했다. 그후 식구들 앞에서 여러 번 그때의 감동을 들먹여 나를 무안하게 했다.

결혼 후에도 내 생일을 무심히 지나간 적이 없다. 어느 해는 꽃다발과 선물에 미역국까지 준비하여 상을 차려주었다. 다른 형제들이 되레 무색해 했건만 그런 살가움에도 그만 마침표를 찍었다.

우리는 죽음을 영원한 안식처라고도 한다. 하지만 그런 말은 이별의 아픔을 씻기 위해 자신에게 어울리는 위안을 하는 건지 모른다. 이승이 더 쓸쓸하고 더 무섭고 더 외로운 곳이라서 저세상에 가면 평안을 찾게 될 거라며. 그러기에 뒤를 보지 말고 가라 한다. 나도 그에게 이곳 걱정 다 내려두고 편안한 마음으로 떠나라고 달랜다.

그가 떠날 채비를 마친 것인가. 불꽃 속에 든 고무신이 서서히 녹아내린다. 이승의 집착에서 헤어나려는 몸짓 같다. 개똥에 굴러도 이곳이 좋다는 말을 들어 자기의 생각을 나무라는 걸까. 고무신을 녹인 잿물이 더디 흐른다. 슬금슬금 피어오르는 연기가 그의 발걸음인 양 한줌씩 몸을 풀어 주변을 휘돌고는 북쪽으로 날아간다.

희붐한 연기 속에서 하얀 나비 한 마리가 팔랑댄다. 꿈결인가 싶어 눈을 비비고 고개를 들어 나비를 좇는다. 연기가 그랬던 것처럼 나비도 서 있는 사람들 머리 위를 에돌다가 홀연히 사라진다. 풍경소리도 잠시 생강나무 가지에 매달린다.

따스한 손

고속도로를 달리는 중이었다. 옆 차선에서 트럭이 나란히 달렸다. 아직 운전이 미숙하여 등이 곧추세워졌다. 보복 운전자는 아니지 싶으면서도 겁이 났다. 더구나 낯선 남자가 창을 내리고 손까지 흔들었다. 위험한 고속도로에서 나를 희롱할 일이 없을진대 도무지 그 저의를 알아챌 수 없었다. 나보다 남자가 더 답답한지 아예 창밖으로 몸을 반쯤 드러내어 손짓을 했다. 그제야 다급함을 알리는 것 같았다.

잘못이 없기에 두려워만 해서도 안 될 일이었다. 더구나 낮이고 사람이 뜸한 것도 아니어서 봉변당할 일은 없을 것 같았다. 여차하면 경찰에 신고하리라. 용기를 내어 갓길에 차를 세우자 그만 남자의 파란 트럭이 저만치 달려갔다.

이왕 차를 세웠기에 운전석에서 내렸다. 휴대전화기를 쥔 손아귀에 힘이 들어갔다. 잇따라 집채만 한 트럭이 갓길에 들어섰다. 의아함을 가질 새 없이 높다란 차에서 덩치 좋은 사내가 풀쩍 뛰어내렸다. 사내는 다짜고짜 내 자동차 아래로 기어들었다. 등을 바닥에 대고 어깨로 휘저어 몸을 밀어 넣고는 찢어진 타이어 조각을 빼냈다.

"아주머니, 큰일 날 뻔하셨어요. 그렇게 가다가 자동차에 불이 난 사례가 많습니다."

사내는 시커먼 물체를 언덕 아래로 휙 던졌다. 그리고는 아무 일 없다는 듯 두 손을 툭툭 털며 환하게 웃었다. 자기 일이 해결된 양 얼굴에 안도감마저 보였다. 내 인사에 함께 허리를 굽히며 손을 한 번 잡아 준 뒤 바쁘게 운전대를 잡고 떠났다. 대형 트럭이 떠나자 뒤늦게 심장에서 콩닥콩닥 방망이질을 해댔다. 나는 사내를 기억하려는 듯 한참 동안 자리를 뜨지 못했다.

인근 지역에 병문안을 다녀오는 길이었다. 한낮의 고속도로에는 다양한 차종이 질주했다. 대형 운반 차량이나 특수차가 많아 공포감마저 들었다. 마음을 편안하게 가지려 팝 발라드를 나지막하게 틀었다. 건들장마처럼 비까지 뿌리다가 멈추다가 하여 표준속도를 지켰다.

양산을 벗어나는 시점이었다. 달리던 차선에 검은 물체가 보였다. 로드 킬이 아닐까 하여 재빨리 비상등을 켜고 속도를 줄였다. 가까이 다가와서야 찢어진 타이어 조각임을 알았으나 차선 변경이 위험한 상황이었다. 브레이크를 밟고 물체를 넘는데 둔탁한 느낌이 들었다. 바퀴 아래로 뭔가 끌려오는 것 같기도 했으나 제대로 감지되지 않았다. 백미러 속을 살펴보자 시커먼 물체는 보이지 않았다.

검은 물체는 저승사자가 될 뻔했다. 내 자동차가 그것을 껴안고 달렸던 것이다. 고속도로이므로 지나치게 속도를 내거나, 장거리를 달린다면 열을 내어 불이 붙었을지도 모를 일이었다. 그러기에 뒤에서 지켜보는 운전자의 마음이 얼마나 오싹했을지 짐작되었다.

오른손이 하는 일을 왼손이 모르게 하라는 말이 있다. 은혜를 베풀고도 연락처 남기기를 마다한 채 당연히 할 일이라 말하는 사람, 이런 사람이 많을수록 세상은 살맛이 난다. 더구나 달리는 고속도로에서 창밖으로 몸을 내어 위험을 알려 주고 기꺼이 제 몸을 바닥에 뉘어 위험물까지 제거해 줄 사람이 몇 있겠는가. 당연히 그래야 따뜻한 세상이지만 제 살기 급급한 현대에서 남의 위험에 그토록 적극적인 사람이 많지는 않을 것이다. 그것이 생면부지의 낯선 사람을 위한 일이라면 더할 나위 없다. 나 또한 누구에게 얼마나 따뜻한 마음을 건넸는가. 비 갠 오후의 한줌 햇살 같은 손을 떠올릴 때면 마음이 따스해진다.

물기

화장실 천장에서 물이 떨어진다. 방울로 맺혀 줄줄 새지는 않지만 위층 배관에 문제가 생긴 것이 분명하다.

작년여름, 위층에 새로 이사를 왔다. 집을 꾸밀 일이 많았는지 한 달이 넘도록 드릴과 망치 소리로 귀를 괴롭혔다. 참으려고 할수록 귀는 소리를 좇았다. 더위를 쫓느라 창을 열어 놓아 말초신경까지 곤두섰다. 공사는 밤이 이슥하도록 진행될 때가 잦았다. 숲이 잠드는 저녁이면 소음이 천장으로 내려앉아 뼈마디까지 흔들어댔다.

산에 반해 이곳에 왔다. 봄이면 송화와 아까시꽃 향기가 물씬했다. 뻐꾸기와 직박구리, 청설모의 놀이터이기도 하여 사철 푸름 속에서 살 것으로 생각했다. 하지만 위층의 소음은 눈으로 들어오는 풍경을 죄다 빼어갔다.

소음은 가지가지였다. 박자를 무시한 망치질과 천장이 뚫릴 것 같은 드릴 소리며, 밤낮 종횡무진으로 뛰어다니는 아이의 발소리, 연속적으로 구르는 청소기와 운동기구 소리까지 났다. 더구나 짙은 어둠 속에서 내려오는 남자의 발소리는 공포에 가까웠다.

식구들이 모인 일요일이었다. 그날따라 드릴 소리가 일찍 시작되었다. 때를 가늠 못할 소리는 끝도 예측할 수 없었다. 식구들이 저녁 드라마를 보는 시각까지 견디었기에 나도 참을 만큼 참았다는 생각이 들었다.

위층에 인터폰을 연결했다. 인터폰은 주변 소리까지 몰아주었다. 목소리를 다듬어 공사가 언제 끝나느냐고 물었다. 찢어질 듯 들리는 소음 속에서 젊은 여자 목소리가 생선 살처럼 발라졌다. 자기들은 드릴을 사용하지 않는다며 오리발을 내밀었다. 그 와중에 망치 소리가 멈추고 남자의 호탕한 웃음이 정적을 대신했다.

방송에서 본 층간 소음 사건이 이해가 되었다. 여자의 거짓말에 한 달 남짓 눌렀던 울화가 치솟았다. 직접 눈으로 확인하겠노라고 위층에 올라갔다. 여자도 화가 잔뜩 난 얼굴이었다. 거실 한복판에 사용하던 연장이 보였다. 벌벌 떨리는 가슴을 누르며 사과 한마디면 끝날 텐데 왜 거짓말하냐고 일침을 가했다. 오히려 여자는 그

정도쯤 이해해줘야 한다고 대들었다. 적반하장도 유분수였다.

그후 엘리베이터에서 만날 때마다 내가 먼저 인사를 했다. 여자는 마지못해 고갯짓만 할 뿐 여전히 물기를 보였다. 나는 그녀 마음에 볕이 들길 기다리느라 어떤 말도 할 수 없었다. 여전히 늦은 시각에 아이가 뛰었고 남자의 발소리는 아래층을 무시했다.

가까운 이웃이 먼 친척보다 낫다는 말은 옛말이다. 택배가 와도 옆집보다 경비실이 만만하다. 심지어 물건을 복도 창고에 둘지라도 옆집에 맡기지 않는다. 그러다 보니 마음 나누고 살 이웃이 귀하다. 사람은 서로 부대끼며 상처가 나기도 하고 아물기도 하면서 포용력을 키운다. 하지만 남의 시선이 부담스러워 상대의 관심조차 허용하지 않는 것이 현실이다.

아파트야말로 한집 같아 보듬지 않으면 신경 거슬리는 일이 생긴다. 위층 사람들도 이곳에 이사했을 때는 얼마나 아름다운 꿈을 설계했을까. 그 꿈을 실행하느라 만들고 고치며 시간을 썼을 것이 분명했다. 하지만 바깥으로 나가는 소리가 이웃에 피해가 될 것이란 생각을 했더라면 아래층에 알리고 엘리베이터에 사과문 정도는 붙여두는 것이 예의다.

그녀가 상황을 확인하느라 우리 집 화장실 천장 안으로 고개를 들이민다. 사태의 심각성을 인지했는지 말이 없다. 하루빨리 공사해야 한다는 관리사무소 직원의 말에 퉁퉁 불은 목소리로 알았다고 짧게 끊는다. 직원은 이런 일이 다반사라 아래 위층이 싸우기도 한다며 나를 이해할 수 없다는 듯 쳐다본다. 업체 선정을 이유로 공사 일정을 채근해도 그녀는 우두커니 서 있다.

화장실 천장에 매달린 물방울이 용하다. 유연하지만 귀소본능처럼 떨어져 흔적을 남긴다. 쉽게 마를 것도 아니면서 떨어지는 순간까지 힘을 놓지 않는다. 선뜻 마음을 내지 못하는 위층 여자를 달래듯 의자에 올라 닦아본다. 이내 선을 긋다가 또 방울을 만든다.

그녀가 잇몸을 드러낸다. 무슨 생각을 했는지 내일이라도 공사를 진행하라고 한다. 몸속으로 들이찬 물기는 서로 마찬가지일 텐데 그녀의 용기가 감사하다. 큰소리로 퍼붓기라도 해야 하나 꿰고 있던 마음이 들킨 것 같아 괜스레 미안해진다. 그녀의 눅눅한 심중에 물기도 얼른 마르길 바란다.

3부

멀구슬나무

자존심

어머니 장례를 치르고 집에 왔더니 방문 뒤쪽에 지팡이가 세워져 있었다. 감나무 가지를 다듬어 만든 것으로 곧고 튼실했다. 팔순의 어머니가 남몰래 세 발 걸음을 연습한 모양이었다. 손때가 제대로 묻어있지 않은 거로 보아 밖에서 짚고 다니지는 않으셨던 것 같다. 어둠이 깊숙이 들어서야만 시멘트 마당이나 좁은 마루를 오가며 짚었을지는 모르겠지만.

어머니는 돌아가실 즈음에 걸을 때마다 몸이 앞으로 쏠려 넘어질 듯 보였다. 그런 어머니에게 누가 걸음이 어둔하다고 하자 겉으로는 웃었으나 내심 속상해 하셨나. 시나가는 말도 예시로 듣지 않는 성품이기에 상처를 받았다. 딸이라도 살림살이에 흉을 잡으면 이만

하면 잘하는 것 아니냐며 우스개로 넘겼다가 다음에 가보면 낡았거나 해진 물건을 새것으로 바꾸어 놓곤 했다.

어머니는 이승에서의 마지막 시간을 알았을까. 제사상을 새로 장만하고 전을 담는 소쿠리도 새것으로 사 두었다. 장롱 여기저기 쑤셔 넣던 몇 안 되는 폐물을 서랍 하나에 오롯이 모아 놓고 사용하지 않은 수건까지 새하얗게 삶아 개켜 두었다. 옷도 다음 계절을 맞이할 것으로 두어 벌만 옷장에 있었다.

누가 감히 어머니의 평생 지렛대이던 자존심에 흠집을 낼 수 있더란 말인가. 나이든 자식의 먹을거리까지 애쓰던 어머니였다. 마지막까지 당신 손으로 자식을 거두어야만 편히 갈 수 있었을까. 미역국에 찰밥도 한 솥 해 두어 장례로 기진맥진하여 돌아와서는 어머니 혼이 담긴 그 밥으로 허기를 채우게 했다.

수의도 어머니가 장만했다. 자식의 걱정거리를 해결하려 속곳에 천금까지 안동포로 갖춰뒀다. 그 마음을 알면서도 죽을 때 옷 한 벌 안 해 줄까 봐 그러냐며 애먼소리로 가슴팍을 긁었다. 하지만 통장에 넣어 둔 장례비를 보는 순간 어떤 말도 입에 올릴 수 없었다. 무엇보다 뒷방 늙은이로 천대받을 것이 용납되지 않았는지 딱 사흘만 누웠다가 먼 길 떠났다.

평생을 안간힘으로 버티며 작은 실수도 하지 않으려 애를 다한 어머니였다. 집안 정리는 물론이거니와 자식이 욕될까 봐 옷차림

하나도 허투루 하지 않았다. 경로당 출입을 안 하는 것도 어머니만의 고루한 자존심 지키기였다. 노인들이 턱없이 자식 자랑하거나 남을 입질하는 것도 못마땅해 했다. 특별히 자랑할 만한 자식도 없는데다가 대놓고 거짓말하는 것도 양심이 허락하지 않았는지 그저 조용하게 여생을 지냈다.

어머니는 가정에 뒷전인 아버지마저 대수롭잖게 말했다. 성품이 유별나서 집에 안 계시는 게 되레 편하다며 덤덤하게 받아들이는 것 같았다. 하지만 서랍 속에 아버지의 도장이 어머니 심정을 읽게 했다. 우리 집 재산을 송두리째 넘길 때 아버지가 대책 없이 입김 묻혀 찍었을 그 인감도장이었다. 어릴 적 방학 때면 몰래 통신표에 찍었으나 더는 쓰임새가 없었을 것인데 왜 버리지 못했을까. 얼마나 외롭고 쓸쓸했으면, 또 얼마나 힘겨웠으면 긴긴 세월 아버지 도장을 품고 지냈을까. 아버지에 대해 무심한 척 해왔던 말과 행동마저 무너지고 싶지 않은 어머니의 자존심이었다. 그것이 어머니 힘의 근원이었을 줄이야.

시원하게 속 한번 드러내지 않은 어머니는 늘 단단한 척했다. 자식 앞에서 허전하다거나 지친다는 표현도 좀체 하지 않았다. 그렇게 자존심 하나로 일생을 버텼다.

어머니 밑에서 자란 나 역시 자존심의 대명사처럼 살아 누구에게 들킬까 봐 비밀방에 감춰두는 것이 있다. 가끔 밀려오는 지식의 허기증에 읽지도 못하는 책을 사들인다. 몇 장 밑줄을 긋다가 이해하지 못해 쌓아두는 책도 부지기수다. 줄을 긋는다는 건 그 책에 심취하고 안의 것을 소화했다는 뜻이기도 하지만 실제로는 나를 포장하는 무늬일 뿐이다. 넘치도록 사 모으는 시집 또한 그렇다. 필사한답시고 옮겨 봐도 며칠 있다가 들춰보면 또 낯설다. 베스트셀러를 사지 않으면 시대의 흐름에 뒤떨어지는 것 같아 신간 소식을 듣자마자 사들인다. 그런 것은 정녕 나 자신이 아니라 나를 버티게 하는 자존심이다.

자존심은 세상을 지켜내는 힘이 된다. 그것으로 하고 싶은 일을 하고 나름대로 품위도 세우며 산다. 성공의 잣대나 권력의 상징이 물질로 평가되는 현대에 오로지 양심으로 눈과 귀를 연다는 건 참으로 어렵다. 하지만 지치고 쇠약함에 물들지 않은 정신이라면 그것도 자존심일 거다.

어머니는 그런 자존심으로 풍진 세상을 버텨냈다. 어머니를 닮은 탓인가. 가끔 내 마음의 문 뒤를 살핀다. 거기다가 어머니의 지팡이를 세워두고 내 자존심의 지팡이도 나란히 놓아둔다. 이런 힘이 나를 살린다. 정녕 어머니를 가슴에서 잊을 때까지만이라도.

지지 않는 꽃

팔공산 갓바위를 오른다. 험하고 좁은 길에 오르내리는 인파가 줄을 잇는다. 계단 길을 벗어나자 가파른 산길이 이어진다. 길은 수많은 발을 기억하느라 반지르르하다. 길 따라 발을 내디디니 숨이 턱에 걸린다.

정상에 오르자 그야말로 인산인해를 이룬다. 공양물을 올리는 사람, 향이나 양초에 불을 밝히고 기왓장에 소원을 접수하는 사람 등으로 발 디딜 틈이 없다. 사람들은 늦가을 찬바람도 마다치 않은지 찬기를 가리느라 깔아둔 매트에서 기도 삼매에 든다. 절을 하는 모습에 절도마저 보인다. 자신을 낮추는 행위가 절이라면 나는 세상에서 가장 진솔한 겸손을 본다.

이곳은 영험이 있어 세 번만 밟아도 부처님의 가피를 얻을 수 있다고 한다. 부처님의 지혜를 빌리려는 자들의 정성이 지극해 보인다. 세상에 가장 아름다운 것이 자식을 위한 어미의 기도가 아닐까. 저 기도로 어떤 자식은 위로 받고 어떤 자식은 사랑에 보답하고자 최선을 다할 것이다. 절을 하는 사람들은 관절의 고통 따윈 아랑곳하지 않는다. 기도로 마음이 후끈해진 저들의 등에서 아지랑이가 핀다. 돌갓을 쓴 부처는 고행마저 자처하여 중생들 스스로 깨치게 하려는 의도인가. 정성이 갸륵함을 헤아리는지 부처의 길쭉한 얼굴에 흐뭇함이 묻어난다.

오빠가 입대 후 우리 집에는 웃음이 사라졌다. 어머니 눈은 시시때때로 젖었고 언니와 나도 풀이 죽어 지냈다. 어머니가 할 수 있는 것은 자나깨나 오빠의 안녕을 기원하는 기도였다.

어머니는 영험이 있다는 곳이면 어디든지 찾아갔다. 심야에 깊은 산도 먼 곳의 사찰도 마다치 않았다. 새벽이면 사발에 물부터 떠 놓고 정신을 모았다. 그러다가 밤이면 어둠에 지워진 그림자처럼 어디론가 사라졌다가 새벽녘이 되어서야 돌아올 때도 있었다.

비를 묻힌 바람이 세차게 창을 흔드는 밤이었다. 어머니가 기후에도 아랑곳하지 않고 나가려 했다. 언니와 나는 어머니의 만류에도 따라갔다. 어머니는 마을과 떨어진 산을 올랐다. 이미 여러 번 다닌 듯 발걸음이 익숙했다. 인기척을 살필 겨를 없이 물이 새어

나오는 바위 아래에다가 양촛불을 켜고 손바닥부터 비볐다. 어머니 입에서 오빠의 기도가 가늘게 새어 나오자 언니와 나도 두 손 모으고 눈을 감았다.

어머니는 아들의 무사를 위해서라면 나무든 돌이든 그 앞에 서서 합장을 했다. 향 사르고 불 밝혀 가장 소박하면서도 원대한 원을 빌고 또 빌었다. 어머니에게는 맏이인 아들이 살아가는 이유였다. 그러기에 아들의 입대는 삶의 지팡이를 빼앗긴 듯 했을 거였다.

오빠는 논산 훈련소에서 훈련병 생활을 했다. 자대로 배치될 시기가 되자 맑은 웅덩이에서 목욕하더라는 고모의 꿈 이야기를 들었다. 그 꿈은 길몽이라 철석같이 믿고 싶었으나 어머니만은 닥쳐봐야 안다며 당신 꿈에 오지 않은 아들을 더 그리워했다.

지성이면 감천이라 했던가. 도로변으로 깔린 갈색 이파리가 초겨울 찬바람에 흩날리는 날이었다. 어머니가 버스를 기다리느라 정류소에 서 있었다. 지나가는 군인만 봐도 콧등이 시큰거리는데 눈앞으로 군 트럭이 몇 대 줄지어 지나갔다. 넋 놓고 바라보는 건 당연한 일이었다. 순간, 한 군인이 미친 듯이 손을 흔들며 "왝왝!" 소리를 질렀다. 울분인지 함성인지 모를 소리가 달리는 자동차 바퀴에 부서지고 가로수 빈 가지에 엉켰으나 어머니는 직감의 촉수를 세웠다.

당시 우리 집에는 전화가 없었다. 오빠가 자대 위치를 알리려 해도 연락할 방법이 쉽지 않았다. 트럭의 뒤칸에서 눈에 익은 길로 들어설 때의 오빠 마음이 어땠을지 누가 감히 짐작할 수 있겠는가. 그 초조함과 설렘 속에서 발견한 어머니이기에 뼛속까지 군인이어야 할 군기는 깡그리 잊은 것이다. 제발 꿈이 아니길 몇 번이고 확인하느라 오빠는 "어머니!"를 목 놓아 부르고 또 불렀다. 심장은 얼마나 요동쳤을까. 택시를 타고 군용 트럭을 쫓아간 어머니도 마찬가지였으리라. 무에서 유를 창조한다는 군대도 믿기지 않는 사실 앞에서 온정을 베풀 수밖에 없었다. 그날 저녁, 이웃 동네에 있는 부대에서 복무하게 된 오빠가 중대장과 함께 잠시 집을 다녀갔다. 우리 가족은 모든 천행이 어머니의 기도 영험이라 인정했다.

하루를 살 것처럼 기도하라는 말이 있다. 간절해 보지 않은 사람이 무슨 대가를 바라겠는가. ≪부모은중경≫에는 아이를 낳을 때 서 말 석 되의 피를 흘리고 여덟 섬 너 말의 흰 젖을 먹이는 것이 어미라 전한다. 어미가 아니고서야 어찌 헌신적으로 신에게 구원을 갈구할까. 스스로 노력의 대가에 승복할 수 있어야 한다고만 생각한 나도 언제부터 부처 앞에 손을 모으고 절을 한다.

아들이 징병 신체검사에서 4급 판정을 받았다. 어릴 적부터 고생하는 만성 호흡기 질병 때문이었다. 어미 몸을 빌려 세상에 나온 자식이 건강하지 못한 것이 내 탓만 같았다. 감기라도 심하면 호흡이 곤란해져 밤을 새우기도 하기에 내심으로 군대에 가지 않길 바랐다. 갖은 수법을 동원하여 입대를 피하려는 사람도 있는데 아들이 느닷없이 입대 날짜를 선언했다. 인터넷으로 입대를 신청했던 것이다. 속마음을 감추고 그 용기에 단내가 나도록 칭찬하지만 내 피는 말라 들었다.

아들의 훈련 기간에 소대장으로부터 연락이 왔다. 집에서 복용하던 약을 보내달라는 거였다. 당장 달려가고 싶은 마음 대신 약만 보내자 내가 덜컥 병이 나고 말았다. 잠을 자면 아들이 보이고 눈을 뜨고 있어도 나를 부르는 소리에 시달렸다.

한 가지 소원은 들어준다는 갓바위 약사여래불, 세상 사람의 아픔과 고통을 들어주려고 귀를 기울이는 것 같다. 아들의 안위를 위해 절을 하다가 올려다보니 부처의 고개가 내 쪽으로 기울어져 보인다.

세상의 어머니는 지지 않는 꽃이다. 어둠 속에 고행을 이겨낸 씨앗만이 꽃을 피우듯 자식을 낳아 키우는 것도 고통의 연속이다. 어머니란 말만 떠올려도 무궁무진한 향이 느껴진다. 알아주면 어떻고 모르면 어떤가. 언제 어디에서든 자식 일이라면 가슴으로 먼저 맞이하는 것이 어미이다. 또한 자식은 평생 어미의 향기로 사는 것을.

정상에서 내려다본 산새가 너울로 밀려온다. 모진 비바람마저 거뜬하게 이겨낼 고귀한 꽃들이 셀 수 없이 팔공산을 오르내린다. 허공에 뿌리내린 오방색 등꽃도 기슭을 타고 온 바람에 너울춤을 춘다.

나비 구두

매장 진열대에 신발이 얹혀 있다. 샌들, 단화, 하이힐 등 종류가 다양하다. 신발을 보자 '나를 신고 파도를 넘어온 한 척의 배'라는 시 구절이 떠오른다. 저것들도 항해를 위해 주인을 기다리나 보다.

구두의 가짓수가 많아 딱히 마음에 드는 걸 고르기도 쉽지 않다. 이것저것 살피는데 안쪽 진열대에 구두 한 켤레가 눈에 띈다. 굽이 낮아 별나 보이지는 않은데 발등에 앉은 나비 장식이 돋보인다. 색상이며 나비 모양새가 어머니의 마지막 신발과 흡사하다. 그것을 내려 발을 넣어 본다. 가볍고 부드럽고 포근하기도 하여 어머니 품에 안긴 것만 같다. 어느새 어머니 손을 잡고 구두 매장을 살피던 그 날로 아슴아슴 젖어 든다.

2월 끝자락이었다. 몇 번의 꽃샘추위가 지나가자 볕이 유난히 반가웠다. 입맛 달랠 어머니 생각으로 밑반찬을 챙겨 친정에 갔다. 마당에 들어서자 어머니는 기다렸다는 듯 신발부터 사러 가자고 했다. 심지어 미리 봐 둔 것이 있다며 상가로 나를 데려갔다.

어머니가 말한 신발 판매장은 정기휴일이었다. 신발이든 옷이든 딱 마음에 들지 않으면 함부로 몸에 걸치지 않는 성품이기에 다음 날 다시 오자고 했다. 하지만 어머니는 기어이 내 손을 끌고 다른 매장으로 갔다. 낯선 행동이었다.

어머니 손이 유독 차가웠다. 서두른다는 느낌도 스쳤다. 오늘따라 몇 번이나 주저앉았다고 할 때는 길에서 무슨 일을 당하는 건 아닌지 방정맞은 생각도 들었다. 하지만 자동차에서 내린 어머니는 어둔한 걸음으로 나보다 먼저 매장 문을 밀고 들어섰다.

굽이 납작한 구두를 권했다. 어머니는 발에 끼워볼 생각도 않고 손사래부터 쳤다. 팔십 노인네가 구색 맞춰 멋을 낼 일도 아니건만 굽이 있는 갈색 구두를 가리켰다. 발등에 작은 나비 한 마리가 날개를 펴고 앉아 곧 날아갈 듯했다. "이제 됐다. 헌 신은 니가 챙겨라!" 어머니는 닻을 걷어 올린 배에 오르는 듯 급히 구두에 발을 넣었다.

어머니가 계산대로 걸어갔다. 직원이 허리를 굽혀 가격표를 뗐다. 내가 계산하려고 하자 한사코 쌈지에 넣어둔 용돈으로 값을 치렀다. 그러자 내 팔에 의지해 자동차가 있는 곳으로 걸어 나왔다.

평소 어머니가 아니었다. 매장에서 신발을 바로 신고 가는 것이 어머니에게는 가당치도 않은 일이었다. 더구나 새 신은 얹어 두다가 나들이에 신을 게 분명했다. 일신을 위해 영양제 한 통 사지 않았으며 평생 부족한 듯 사는 게 마땅한 줄만 알아 자식에게 핀잔 듣기가 일쑤였다. 그런 어머니가 팔순의 생신을 치르자 손자들이 십시일반 챙겨준 용돈의 쓰임새를 신발에 정한 이유를 알 수 없었다. 새 신발에 집착하는 것이 어떤 암시였을 텐데 나는 그것을 거부하고 싶었던 걸까. 그날따라 내 심장으로 전해지는 그 싸늘함의 메시지를 똑바로 읽지 못한 채 오히려 반찬값을 아끼지 말라는 핀잔만 남겼다.

방에 들어와 우유 한 잔에 크림빵 하나를 앞에 둔 어머니가 갑자기 정지 화면이 되었다. 내가 휴대전화기를 여는 사이 석불처럼 좌정하여 눈동자를 붙박고 있었다. 그제야 내 머릿속은 달팽이관을 닮은 골목길에 갇힌 듯 뱅뱅거렸다. 그 몇 초 사이 어떻게 빵과 우유를 다 먹었을까. 흔적인 양 턱밑에 하얀 방울 한 점 묻어 있었다. 등을 살살 문지르며 나직이 어머니를 불렀다. 저승길 모퉁이에서 내 목소리를 들었을까. 갑자기 들숨 날숨 몰아쉬고는 "니는 운전하니까 해 떨어지기 전에 가거라!"며 또 내 걱정을 했다.

어머니는 지병으로 식구를 긴장시킨 건 아니었다. 뇌경색을 초기에 발견하여 고혈압 약을 먹고 교회에서 기도시간에 정신을 잃어 심장 기능이 쇠해졌다는 걸 안 뒤로 심장 약도 먹었다. 알약 서너 개만 잘 챙기면 백수까지 무탈할 것 같았다. 어머니가 누운 잠에 가기를 소원하면 나는 무슨 어깃장을 놓듯 일주일만 누워 있다가 가라 했다. 그런 어머니가 구급차에 실려 병원을 들어간 지 나흘 후 먼 세상으로 떠났다.

일생에서 여러 켤레의 신발을 만난다. 털신, 꽃신, 고무신, 구두 등이 그날의 기분이나 일정에 맞춰 우리를 태우고 다닌다. 나이가 들수록 몸의 기울기에 따라 무게 중심이 달라지면서 신의 뒤축도 다르게 닳는다. 그러기에 신발이란 삶의 기울기를 바로 잡는 축이다.

어머니에게도 몇 켤레의 신발이 있었다. 고급화는 아니어도 구색 맞춰 신을 정도는 되었다. 하지만 새로운 길을 가기 위해서 새 신발이 필요하다고 여겼던가 보다. 어쩌면 올곧게 걸어온 자신의 삶을 발 덕분이라 삶의 대차대조표를 피붙이의 사랑으로 메웠는지도 모를 일이다. 새 신을 신고 나들이할 시간이 많지 않은 것도 알았으리라.

매장에서 내 자동차까지, 집 앞 골목에서 마당을 거쳐 현관까지가 고작 새 신의 임무였다. 나비 구두는 휑하니 하선해버린 주인이 야속하여 짧은 인연의 박복함을 탓할 겨를도 없이 채마밭에서 태워졌다, 한 줌 재를 남긴 채. 지금쯤 천상의 꽃길을 거닐고 있는 어머니 발등에 나비 한 마리가 앉아 있을 것만 같다.

멀구슬나무

늦가을 호수가 푼푼하다. 물오리가 줄지어 미끄러지듯 헤엄치고 둥치만 남은 물버들이 잠잠히 하늘을 읽고 있다. 말라버린 연 대는 물 위의 세상을 거꾸로 인 채 묵묵히 회상에 잠겼다. 바람이 생의 지론이라도 강의하는가, 물이랑이 너울거린다.

오랜만에 근교의 호수공원을 둘러본다. 파란 하늘은 티끌 한 점 허락하고 싶지 않은지 새털구름마저 지웠다. 낱낱이 쏟아지는 볕을 맞으며 늦가을 정취를 즐기는 사람들 표정이 여유롭다. 호수 에움길을 벗어나 언덕 위로 발길을 옮기자 이름표를 목에 건 나무들이 다채로운 미소를 짓는다. 간간이 수목 사이로 하늬바람이 빛바랜 수다를 깨운다.

언덕 위 별난 나무에 눈길이 간다. 멀구슬나무 줄기에 왕벚나무가 업혀있다. 바람을 타고 온 왕벚나무 씨앗이 멀구슬나무의 둥치에 발아하여 싹을 틔운 것이다. 나무 아래 표지판에는 다른 새의 둥지에 알을 낳는 뻐꾸기의 습성을 닮았다 해서 뻐꾸기 나무라 설명한다.

아버지는 바람 같았다. 매이지 않는 바람처럼 당신 마음이 이끄는 대로 다녔다. 어머니를 생각하는 마음은 안중에 없는 듯했다. 어쩌다 집에 계실 때도 손님 같아서 아버지 품에 안겨 응석 한번 부려보지 못했다. 가족이지만 따뜻한 정을 느끼지 못해 아버지가 낯설었다. 그런 아버지를 떠올릴 때면 가슴속에 모래바람이 일었다.

몹시 추운 어느 날 밤이었다. 젊은 여자가 집으로 와서 아버지를 찾았다. 여자는 털이 길게 누운 잿빛 코트를 걸치고 있었다. 여자가 당당하게 우리 식구를 훑어보자 어리둥절한 어머니는 아무 말 없이 눈동자만 굴렸다. 희미한 삼십 촉 전구 아래 두 여인 사이로 시간은 더디 흘렀다. 삽짝 밖에 공장 불빛이 밤새도록 시리게 반짝였다.

그날 이후 여자는 방 한 칸을 차지한 채 돌아갈 생각이 없었다. 어머니나 우리 남매가 쏘아대는 눈총 따위는 아랑곳하지 않고 아버지의 옆자리를 차지하려 애를 썼다. 아버지를 맞는 여자의 표정은 화려한 꽃을 피우는 왕벚나무처럼 화사했다. 그럴 때마다 어머니는 무너져 내리는 마음을 추스르기에 버거워 보였다. 무슨 생각이었는지 아버지는 며칠 뒤 여자와 함께 집을 나갔다. 그날부터 나는 마음 속으로 아버지 행방에 밑줄을 그었다.

보기에도 애처로운 멀구슬나무에 온 마음이 잡힌다. 내 마음대로 할 수 있다면 왕벚나무를 톱질해버리고 싶다. 씨앗이야 멋모르고 내려앉았겠지만 토막까지 단박에 패버려야 멀구슬나무가 온전히 살 수 있을 것 같아서다. 하지만 둘은 이미 한몸이다. 덧니처럼 아무렇지 않게 뽑아도 될 것이 아니어서 억지로 떼어내면 서로 상처가 남는다. 그러기에 왕벚나무를 베어내겠다는 생각은 부질없는 오기일 뿐이다.

여자를 안 보고 사는 일은 불가능했다. 집안 행사에 가면 항상 마주쳤다. 반길 수도 모른 체할 수도 없었다. 손바람이 좋아 내가 결혼할 때는 예단 음식까지 거들었다. 있듯 없듯 하면 좋으련만 자중하지 못한 여자가 마뜩지 않았다. 그녀의 마음인들 오죽하겠느냐는 듯 어머니는 여자를 물끄러미 지켜볼 뿐이었다. 그러면서 낡아 허물어지는 자신의 등에서 억지로 떼어내려고도 하지 않았다.

왕벚나무는 잎보다 꽃을 먼저 피운다. 큼직한 꽃망울을 터트려 자신의 미를 으스대지만 화려함은 잠시다. 여자에게도 왕벚나무의 무성한 잎처럼 단색의 시간이 길었다. 함께하는 시간이 더해갈수록 아버지는 화가 잦아졌다. 무엇이든 반듯하지 않으면 보지 못하는 성정 탓에 곁의 사람까지 불안하게 했다. 마음이 위태로운 여자는 팽팽한 긴장을 놓지 않은 탓인지 나이보다 쉬이 늙어갔다.

어머니는 여자에게 모진 소리 한번 하지 않았다. 당신이 울타리를 제대로 못 지킨 탓이라고 여기는 듯했다. 잠시 피었다 지는 꽃일지라도 제구실을 마쳐야 후회가 없을 텐데 여자를 보면서 무상한 인생을 떠올리는 것 같았다. 같은 여자의 입장에서 미워할 수만은 없었다.

어머니는 생채기를 바람과 햇살에 맡겼다. 입을 닫고 사는 일도 어머니 나름의 세상을 견디는 방식이었다. 가슴에 고여 있는 것도 한 치 곁에서 바라보았다. 물 흐르듯 가는 게 인생이라 아우성치면 오히려 궁색한 변명이 될까 봐 겁이 났는지도 모른다. 외로움 속에서도 후덕함을 보이려고 애를 쓰는 어머니의 행동은 스스로 뭉그러지지 않으려는 몸부림이었을 것이다. 그것은 어머니에게 성숙한 영혼이 되기 위한 연습이기도 했다.

어머니 돌아가신 뒤 옷장 속에서 파란 종이 한 장을 발견했다. 아버지와 우리 남매에 매여 평생을 잊고 살던 당신을 되찾고 싶었던 것일까. 한문으로 이름자를 연습한 흔적을 남겨두고 어머니는 그렇게 떠나셨다.

산수傘壽의 세월을 고이 접고 홀연히 떠나신 어머니의 위안일까. 어머니의 야윈 손가락처럼 잔바람에도 파르르 떨리는 멀구슬 나뭇가지를 바라본다. 나뭇가지의 떨림이 각다분했던 삶 자락을 들춰보는 어머니 손짓 같다.

멀구슬나무의 몸이 한쪽으로 기울어 있다. 왕벚나무에게 자리를 내주느라 등을 구부렸나 보다. 세상에 그냥 태어나는 것은 없다. 그러기에 씨앗이 움을 트고 뿌리를 내리는 일은 힘겹다. 또 제 몸으로 연약한 움을 안아 주는 일은 더 힘겹다. 나무가 모여 숲을 이루듯 멀구슬나무와 왕벚나무도 공생한 이유가 있을 것이다.

멀구슬나무와 왕벚나무는 언제까지 공존할 것이다. 내게 화답하는지 왕벚나무의 붉은 잎이 여린 손짓을 한다. 비운 듯 꽉 찬 멀구슬나무의 편안함에 내 마음마저 환해진다. 멀구슬나무의 둥지에 어머니의 따뜻한 품이 보인다. 그 품으로 내가 고스란히 안긴다.

두 개의 시계

손목시계 두 개가 장식장에 들어 있다. 하나는 오빠가 외국 출장지를 다녀왔을 때 어머니에게 선물한 것이고, 다른 하나는 그것이 제구실에 뒤뚱거릴 때 내가 사 드린 거다. 어머니에게 시계는 단지 시간을 알리는 도구만은 아니었다.

오빠가 산 시계는 둥글고 큼직하여 모자간의 마음을 엮어주었다. 어머니는 숫자가 크고 뚜렷하여 돋보기를 사용하지 않아도 잘 읽을 수 있어 마음에 들어 했다. 야광에 방수 기능까지 좋은 데다가 유리에 흠집마저 생기지 않아 험한 일을 할 때도 손목에서 벗지 않았다. 하지만 사람도 늙으면 몸의 기능이 쇠해지는 것처럼 아무리 비싸고 좋은 것이라도 그 수명이 있었다. 묵은 햇수를 강조하듯 시곗바늘이 더디게 가다가 멈추다가 했다. 일 년에 한 번씩 콩알 같은 건전지를 교체하는 것으로는 양이 차지 않았는지 어머니 속을 태웠다. 나중에는 시계방을 수시로 들락거리다가 결국에는 외제라 부품이 마땅찮다는 이유로 내버려 둘 수밖에 없었다.

하나가 제구실을 못 하면 다른 하나에 마음이 옮겨가는 것은 인지상정이다. 나는 오빠가 사 준 시계와 가장 흡사한 것으로 어머니의 서운함을 들어 주고 싶었다. 결국 그 지역에서 찾지 못하고 여기저기 물색하여 모양도 색깔도 비슷해 보이는 것으로 샀다. 하지만 크기가 조금 작고 숫자 체도 약간 달랐다. 무게도 조금 가벼웠다. 새로 산 시계로 바꿔 찬 어머니는 가벼워서 차는 둥 마는 둥하다며 어색해했다. 시간이 흐르면 어쩔 수 없이 익숙해질 새 시계처럼 어머니가 아들을 대신하여 나를 의지해야 할 일이 생겼다.

어머니는 하나뿐인 아들이 당신의 하늘이었다. 아버지의 부재를 거뜬한 척 견딘 것도 아들이 있어 가능했다. 어머니가 사는 것도 살아야 하는 이유도 아들인 듯했다. 그런 아들의 인생에 너울이 찾아왔을 때는 몹시 고통스러워했다.

당시 오빠는 이상하게도 하는 일마다 꼬였다. 두 해를 내리 엎어지느라 쌓아온 기력을 모조리 소진해버릴 지경이었다. 너무 심한 울렁증에 시달려 일어서기도 힘들어 보였다. 아들의 허물어짐을 보는 것은 어머니 온몸에 가시를 꽂는 것과 같았을 거였다. 외제 시계가 어머니 손목에 무게감을 더할 때는 입을 닫고 있어도 아들 자랑하는 것 같더니 속수무책으로 근심만 키우면서도 동분서주하듯 지쳐갔다. 아들의 너울을 거두어주지 못하는 어머니가 안타깝기는 나도 마찬가지였다. 직장을 다닌다는 핑계로 어머니에게 아이를 돌봐 주길 요청했다. 당연히 어머니가 거두던 조카들도 내 집으로 왔다.

어머니에게 오빠가 듬직한 시계였다면 나는 살가운 시계였을 것이다. 오빠는 말하지 않아도 채워주는 아들이고, 나는 어머니 품을 파고들며 어리광부려 사랑을 챙기는 딸이었다. 어머니는 듬직한 오빠 대신 응석과 투정이 잦은 내가 안쓰러웠는지 그것마저 덮어주려 애썼다. 나의 모남조차 사소한 행복으로 받아들여 웃어줄 때면 오빠의 빈자리를 내가 어느 정도 채운 줄로만 알았다. 어머니가 막내딸 덕분에 자신의 존재를 바투 잡을 수 있다고 했을 때도 그리 믿었다. 하지만 집안에 큰일은 반드시 오빠의 응답을 기다렸고 내 의사는 지나친 관심이나 사랑의 몸짓일 뿐이었다.

어머니의 버팀목이던 시계가 장식장에 나란히 있다. 예전에는 오빠 것이 광채가 있어 더 근사해 보였건만 이젠 작고 초라해 보이던 내 것이 더 나아 보인다. 아무래도 나에 대한 반응의 형태만 다를 뿐 사랑의 본질은 같을 수밖에 없는 어머니 마음이 실려서일 거다. 오늘따라 먼 길 떠난 어머니가 장식장 문을 열고 시계를 매만질 것만 같다.

샘

벌거벗은 세 여자가 줄지어 앉았다. 내가 어머니 등을 밀고 뒤이어 딸이 내 등을 민다. 말라버린 샘과 제대로 물이 오른 샘 곁에 천천히 마르는 샘이 함께 목욕을 한다.

어머니의 쪼그라든 등에는 잔잔한 주름이 비탈진 밭이랑처럼 무수하다. 주름 속에서 어머니만의 풍진 시간이 묻어난다. 돌아앉아 내가 딸을 씻긴다. 미끈한 몸에서 푸른 물이 비친다. 몇 고랑 내어 농사를 지을 만하다는 내 등과 다르게 야무지면서도 당찬 흐름이 보인다.

방년을 넘긴 딸아이 몸에서 페퍼민트 향이 느껴진다. 딸은 활짝 피어나기 전의 목련 몽우리 같은 가슴을 안고 수줍어한다. 앵그르의 명화 〈샘〉에 나오는 여인 같다. 항아리 속에 담긴 물을 쏟아내는 나체의 젊은 여인의 모습이 영원히 마르지 않을 여체를 표현한 듯하다. 딸의 몸도 퍼낼수록 솟아오르는 샘 같다. 나는 영원의 샘을 눈부신 듯 바라본다. 어머니도 나도 한때는 딸처럼 싱그러운 샘이었다.

어릴 적 어머니는 나를 데리고 온천을 다녔다. 집 가까이에도 목욕탕이 있지만 버스비를 아깝지 않아 했다. 뿌옇게 김이 서린 탕 안에서 본 어머니 몸은 어린 눈에도 눈부셨다. 작지도 크지도 않는 가슴이며, 비누처럼 매끈한 등이며, 몸에서 알싸한 향까지 느껴졌다. 어머니가 일어서서 물을 뿌리면 한 그루 서어나무 같았다. 탕 속에서 몸을 일으킬 때면 봄날 햇살 아래 수면 위로 튀어 오르는 은색 숭어 같기도 했다. 나도 크면 어머니처럼 되리라 상상했다. 온천을 다녀오면 며칠간 어머니도 나도 물오른 나무처럼 몸이 매끈해져 기분이 좋았다.

어린 시절, 마을의 샘은 동네의 젖줄이었다. 마을 사람들이 모두 그곳에서 물을 길어 밥을 지었고 그 물로 장을 담그고 술을 빚었다. 비가 많이 내리는 장마 때라도 흘러넘치는 일이 없었다. 몇 달 동안 가뭄이 계속되어도 마르거나 물의 양이 줄어들지 않았다. 우리는 샘 위로 내려와 목을 축이고 가던 바람과 구름과 매미 소리와 함께 했다. 샘가에 양동이를 차례대로 줄지어두고 공기놀이며 고무줄넘기를 실컷 하다가 물을 길어가곤 했다.

도시로 이사 온 이후로 이십 년 만에 어릴 적 샘을 찾아간 적이 있었다. 볼품없어진 샘에는 썩은 나뭇잎이 덮여 있고 이끼도 끼어 있었다. 집집이 수도꼭지만 틀면 물이 쏟아지기에 아무도 그 샘을 찾지 않았다. 어떤 것이든 기능이 다하면 황폐해져 고스란히 세월의 지난함을 말해주는 것 같았다. 그 샘으로 인해 한 마을이 공동체를 이루고 자손들도 더 너른 세상으로 나갔다. 이젠 우리에게는 추억을 퍼 올리는 영원한 마음의 우물일 뿐이었다.

〈마농의 샘〉이란 프랑스 영화가 있다. 마농은 마을 사람의 젖줄인 샘의 근원지가 어디에 있음을 발견하였지만 아버지의 복수를 위해 물줄기를 막아버린다. 그러자 마을에 가뭄의 고통이 길어지고 모든 것이 마르는 재앙이 온다. 그제야 사람들이 과거를 반성하게 되고 원한을 풀게 된 마농이 샘의 물꼬를 열어준다. 아버지에 대한 복수라는 서사가 깔렸지만 궁극적으론 샘에 대한 이야기이다. 샘의 화신으로 영화는 생명의 원천인 여자의 위대함에 대한 역설을 보여준다.

큰 강의 발원지도 작은 소에서 시작된다. 거대한 강이 한낱 작은 샘이었듯 세상의 근원도 여자의 몸에서 비롯된다. 여자는 나이가 들면 샘이 말라간다고 표현하지만 사실상 그렇지 않다. 여자의 몸에서 생명이 태어나고 세상이 만들어지니 하나의 샘은 영원한 샘이다.

딸아이의 몸에 물방울이 맺힌다. 아침 이슬이 내린 싱그러운 풀잎 같다. 어머니의 몸에서는 물이 주름을 따라 흘러내리고 만다. 탄력이 없고 기운이 쇠해진 샘과 기운을 뻗쳐 내는 샘을 동시에 바라본다. 말라버린 샘은 이제 그 기능을 다한 것인가. 먼지와 낙엽과 이끼를 덮어쓴 채 시간의 무대 뒤로 사라지는 퇴역배우처럼 쇠잔해져 보인다.

물꼬가 막혀 생산을 멈춰버린 샘 속에 나와 딸이 들어있다. 내가 그 샘에서 나왔으니 내 딸 또한 그 샘의 샘에서 나온 것 아닌가. 샘은 샘을 낳고 그 샘이 또 샘을 낳으니 어머니는 나와 딸의 근원이다. 그것이 불변의 진리이므로 여자의 몸은 영원히 마르지 않을 샘이다.

샤워기로 어머니의 등에 살짝 물을 끼얹는다. 서너 번의 생산으로 늘어졌다가 줄어든 뱃가죽이 쭈글쭈글하다. 접힌 주름에서 물방울이 힘없이 미끄러진다. 싱싱했던 한 그루 서어나무가 기지개를 켜듯, 은색 숭어가 지느러미를 털 듯, 어머니 몸이 잠시 꿈틀댄다. 잊어버렸던 향이 코끝으로 스며든다. 마르면서 절대 마르지 않는, 어머니라는 위대한 샘 하나가 동그마니 앉아 있다.

소금꽃

항아리에 꽃이 피었다. 만져보니 까슬까슬하다. 꽃은 언제부터 피었을까. 태생을 알리는 듯 짭짭한 향이 난다. 손으로 쓸자 하얀 가루로 떨어진다. 눈꽃처럼 핀 꽃은 항아리 숨구멍으로 배어 나온 인고의 눈물일지도 모른다.

인간의 선조가 물고기라는 진화론에 따르면 인간 체액이나 혈청, 양수 성분은 바닷물과 같다. 그렇다면 어머니의 바다에서 생명으로 태어난 우리도 물고기와 진배없다. 바닷물의 성분 속에서 동그마니 몸 키워 세상을 입질하며 사는 것이다. 소금이 온도나 습도에 따라 삼투압 작용을 하듯이 인간은 모진 삶을 통해 쓴맛을 걸러낸다. 자신을 녹이는 세상 어머니의 삶이야말로 이와 다를 바 없다.

어머니는 소금을 여러 용도로 썼다. 이사할 때면 새집에 소금부터 가져다 두었다. 그것도 부족한지 밟고 다녀야 식구들이 무탈하다며 아예 자루째 출입구 바닥에 깔아 두기도 했다. 식구 중 누가 상갓집을 다녀오면 잡신 돌려보내는 의식으로 문 밖에 세워두고 소금을 뿌린 후에야 집안으로 들였다. 냄새나는 신발장이나 습기 밴 옷장에는 작은 주머니에 담아 걸어두었다. 심지어 손이 미치지 못하는 용기를 닦을 때도 소금을 넣고 흔들었다. 쓰임새가 많다 보니 쟁여 놓고 쓰도록 사들여 집안에 소금은 액운까지 녹이는 수호신으로 승격했다.

소금의 쓰임새는 다양하다. 예전에는 황금과 맞먹는 결제 수단이었다. 샐러리(salary)의 어원도 소금이다. 부와 권력의 상징인 적도 있고 방부작용이나 갈변을 막아 공기산화 방지에도 쓰였다. 집을 짓기 전 땅을 다질 때도 뿌리고 강철을 담금질하는 데도 사용한다.

소금은 암석이지만 물에 들어가면 모나고 단단한 고집을 버린다. 파란 나물에 넣든 빨간 양념에 섞든 아무런 저항 없이 녹는다. 순백이지만 음식을 하얗게 물들이지도 않는다. 그저 자신의 존재를 보이지 않게 맛으로만 드러낼 뿐이다. 자기 모양과 색깔마저 고집하지 않는 소금의 정신은 어디에서 오는 걸까.

어머니는 돌아가시기 전날까지 소금 항아리 채울 걱정을 했다. 지난해 넉넉하게 들였기에 장을 담그느라 덜어내도 바닥이 드러날

건 아니었다. 서너 해 쓸 수 있는 분량이 남아 있는데도 조바심치는 게 의아했다. 하지만 어머니가 담근 마지막 된장을 보고 나서야 그 이유를 알았다.

된장독 뚜껑을 여는 순간 서해 짠내가 코를 자극했다. 소금물에 메주를 띄운 것이 아니라 소금에다가 메주를 버무려둔 것 같았다. 어머니는 생전에 손수 담글 마지막 장일 거라 여겼을까. 아니면 소금이 지닌 삶의 이치를 자식에게 가르치시려 그랬던 걸까. 소금 항아리를 채워 둬야 3년이 무탈하며 그렇지 않으면 1년 뒤 집안이 허물어진다는 말을 믿었는지도 모른다. 그래서 소금을 넣고 또 넣었던 것이다.

나 역시 언제부터인가 소금을 '小金'이라 여겼다. 통장이나 땅덩이는 못 물려주지만 소금이라도 물려주려 했던 어머니의 소박한 심정을 생각하여 소금 항아리를 채운다. 소금이 항아리에 꽉 차면 그득해진 쌀독을 보듯 안도감마저 든다. 창틀을 청소할 때나 거실 카펫의 먼지를 빨아낼 때 뿌리기도 한다. 쓰임도 많은데 오래 둘수록 맛까지 좋아지므로 그 힘을 믿는다. 그래서인지 보면 볼수록 볼품없이 투박한 항아리마저 듬직하다.

갓 생산된 소금은 성깔이 있다. 몇 알 입에 넣으면 쓰고 시기도 하지만 혀를 쏘는 것은 단연 짠맛이다. 오래된 것일수록 부드러운 짠맛과 은근한 단맛을 내는데 이는 시간 두고 숨 고르며 품은 성깔을 내린 덕이다. 그러느라 덥거나 춥거나 어둠 속에 안거하며 중용中庸의 정신을 가진다.

삶이 익을수록 중용에 가까워진다. 불편불의 무과불급不偏不倚無過不及, 어느 한쪽으로 치우치지 않고 넘치지도 않으며 모자라지도 않은 상태이다. 여태 소금을 만지면서 알게 모르게 이치에 맞는 배합법을 배우는 것 같다.

툭진 항아리 속에서 소금은 얼마나 숨통이 막혀했을까. 항아리의 실금사리로 빠져나온 어머니 한숨 섞인 목소리가 저승에서 나를 부르는 것 같다.

"야야, 아직도 소금을 잘 채우고 있나? 형제들과 잘 지내고 있제?"

저 소금꽃, 허공을 걸어온 어머니의 숨소리인 것을.

반죽을 하며

모처럼 칼국수를 하려고 반죽을 한다. 물을 더하자 질어지고 가루를 더하니 퍼석해진다. 옳고 그름을 놓고 구겨진 마음에 평정을 찾듯 번갈아 저울질하다 보니 덩이만 커진다.

고향 집 툇마루 위에 홍두깨가 걸려 있었다. 박달나무로 밋밋하게 다듬어진 것으로 그 표면에는 세월의 지문이 문양으로 새겨져 있었다. 어머니는 그것으로 반죽을 밀었다.

어머니 삶은 질척하거나 되직했다. 학식과 재물이 마땅한 집안이라 여긴 외할아버지가 마음 놓고 딸을 시집보냈지만 열여덟 신부가 겪어야 할 시집살이를 가늠하진 못했다. 어른들은 일가가 모인 집성촌이기에 말씨의 근원마저 없애려 했는지 어머니를 따라온 몸종까지 친정으로 돌려보냈다. 모자람 없이 컸던 어머니는 매운 시집살이를 견디느라 한동안 옷고름이 마를 날이 없었다. 하루가 덧대질수록 눈물이 메말라진 어머니는 가슴까지 말라 들었는지 웬만해서 속을 드러내지 않았다.

삼촌은 어머니 속을 무던히 썩였다. 청년 시절에는 생각보다 행동이 재발라 전후를 가늠하지 않고 일부터 저질렀다. 남의 일에 끼어들다가 괜한 봉변을 당하는가 하면 오지랖 넓게 참견했다가 책임을 뒤집어쓰기도 했다. 일이 터지면 온데간데없이 사라지고 뒤처리를 하는 일은 어머니 몫이었다.

하루는 재봉틀 몸통이 감쪽같이 없어졌다. 세간의 살림이 고만고만한 시절이라, 재봉틀은 이웃 사람의 한복을 지어주기도 하여 없으면 안 될 물건이었다. 더욱이 어머니에게는 혼수품이기에 보물 1호였을 테지만 두어 번 겪은 일이어서인지 놀라운 표정을 감추었다. 자식 보기에 의연해지려던 어머니는 치맛자락으로 칼바람 내며 재봉틀을 찾아 나섰다.

밤이 이슥해지자 어머니가 재봉틀을 머리 위에 얹고 돌아왔다. 청춘사업에 돈이 궁한 삼촌이 시내 전당포에 맡겼던 거다. 속은 끓어도 혹여 아버지가 알까 싶어 우리에게 함구령을 내렸다.

그후, 삼촌 행동은 어머니의 손바닥 안에 있었다. 도무지 철들 줄 모르는 응석받이 시동생을 식구로 안으려면 어머니 품도 부피를 키워야 했다. 그렇다고 홍두깨로 매질할 수도 없기에 어머니는 삼촌을 '반죽'하기 시작했다. 이리 버무리고 저리 치대다가 때론 몽따기도 하고 그래도 안 되면 으름장을 놓았다. 푸석하던 삼촌이 어머니 손맛에 잘 버무려졌는지 다시 재봉틀이 바깥으로 나간 일은 없었다.

어머니는 마음이 궂은 날일수록 밀가루 반죽을 했다. 칼국수를 만들거나 만두를 빚었는데 그날의 심기에 따라 손놀림이 더 섬세하거나 길어졌다. 팔심을 실어 패대기치거나 두들기기까지 했다. 장님 삼 년, 벙어리 삼 년, 귀머거리 삼 년을 살아낸 어머니도 인내만으로 시집살이를 유지하기가 어려웠던 거였다. 화풀이인지 살풀이인지 알 수 없지만 어쨌거나 어머니에게 반죽하는 일은 마음의 평정을 찾는 일이었다.

나도 크게 마음 혼란을 겪었던 적이 있다. 늦게 만난 인연을 안타까워하며 그의 친절에 폐가 되지 않으려 애를 썼다. 얼마 못 가 그의 계산된 접근을 알게 되었다. 그는 시기와 질투로 갖은 재를 뿌리고 다녔다. 찰기를 내기 전의 반죽처럼 그만 보면 내 마음이 퍼석하다가 질어지다가 갈피를 잡을 수 없었다.

남이 인정받는 것에 배 아파하는 그를 보면서 사람들이 왜 저런 인간을 가리지 못하는지 안타까웠다. 사과를 받긴 했지만 마음에 평정을 찾기가 쉽지 않았다. 시간이 나를 반죽했다. 수없이 마음을 치대고 발효시간이 지나서야 그 사람의 행동에 측은한 마음이 들었다. 그제야 미움과 원망이 안쓰러움으로 뭉쳐졌다.

마음도 스스로 다독여야 점성이 더해진다. 누구나 기쁨과 즐거움을 추구하지만 그것만 있다면 인생은 무미건조하다. 맵고 짜고 시고 단맛까지 적당히 섞여야 삶도 단조롭지 않다. 비가 내려 질척하거나 가뭄이 들어 마른 마음도 나날이 접어 치대고 어루만지면 찰기가 생긴다.

삶의 찰기. 가까스로 비율 맞추어 가며 치댄 반죽이 말 잘 듣는 아이처럼 말랑말랑하다. 손끝에 가루 한 점 묻어나지 않으면서 쫀득거린다. 마음을 펴듯 반죽 덩이를 돌려가며 손바닥으로 누른 후 가장자리부터 홍두깨로 민다. 불룩하던 중심이 점점 납작해진다. 반죽의 지름을 넓히자 구겨진 마음이 펴지는 것 같다. 잘 펴진 반죽을 홍두깨에 감는다. 두 팔에 힘을 실어 밀었다가 당기기를 반복한다. 내 모습이 거울 속에서 오상의 덕을 가르치는 상형문자 인仁을 그린다.

폐선 옆에서

낡은 배 한 척이 모래톱 위에 놓여 있다. 좁은 갑판에는 시간의 굴레를 돌던 타이어와 밧줄에 감긴 닻이 어지러이 널렸다. 진이 다 빠져 배의 이름조차 희미해진 선체는 항해하던 시절을 몇 조각이나 기억할까. 파도가 쉬지 않고 불러내도 바다를 잊었는지 뱃머리가 먼 산만 바라본다.

배는 첫 출항을 떠나 마지막 항해까지 많은 난관을 헤쳐냈다. 출렁거림이 잦은 바다에서 밤낮 암초를 피해 뜬눈으로 뱃길을 돌기도 하고 먼 바다로 나갔다가 길 잃은 적도 있을 것이다. 바다가 사나울 때면 항구에서 잠시 쉬며 파도에 할퀴어진 상처를 쓰다듬기도 했겠지, 젊은 날의 내 아버지처럼.

바다는 어찌 바다에만 있겠는가. 세상 모든 것이 바다이다. 아버지의 책상도 바다였다. 그러기에 아버지의 직장 생활은 패기만만했다. 집 앞에서 기다리는 시발택시를 타고 출근할 때만 해도 인생 항로가 순탄할 거라 여겼다. 포부가 큰데다 굽힐 줄 모르는 자신감마저 있어 웬만한 풍파 따윈 끄떡없을 줄 알았다. 하지만 언제 안개가 낄지 태풍이 몰아칠지 예측할 수 없는 바다에서 그러한 호기는 자만이었다.

아버지는 공직에 근무하여 잉크 냄새만 내느라 농촌 태생인데도 흙을 몰랐다. 새마을 운동이 시작되고 농촌의 근대화가 추진되자 농촌지도자 양성교육을 다녀왔다. 밀짚모자에 선글라스를 쓰고 경운기에 앉은 사진 속 아버지는 대평원의 지주 같았다.

출장에서 돌아온 아버지는 의식이 먼저 개혁을 일으켰는지 흙내를 조금씩 풍기기 시작했다. 집에 있는 여분의 땅에 작은 비닐하우스를 만들어 틈만 나면 작물을 심어 실험했다. 얼마 되지 않아 앞산에 굴착기가 올라가자 동네 사람들은 많은 돈 들여 헛물켠다며 혀를 찼다. 앞산에 두어 번 꽃물이 드는 계절이 지난다 싶더니 성공의 밑그림까지 흩날리고 말았다. 다짐만으로 꿈을 이루기는 어려웠는지 경작지는 흐지부지 묵정밭으로 변해버렸다.

아버지의 인생은 늘 출렁거렸다. 재기를 도모하는가 싶다가는 세파에 휩쓸리기를 거듭했다. 각다분한 삶을 감추려고 애쓸수록 지켜보는 식구의 마음은 잎이 다 떨어진 나뭇가지처럼 말라 들었다.

가산까지 넘어가자 아버지는 죄책감에 시달렸다. 붉은 딱지가 평생 지우지 못할 문신 같았는지 낯선 도시로 이사하고도 어깨를 펴지 못했다. 어렵사리 올린 돛은 풍향조차 가늠하기 어려웠다. 밑짐까지 가벼워 작은 물결에도 균형을 잃어 휘청거렸다. 세상을 호령할 것 같던 목소리마저 쉬어버렸다. 아버지는 방향키를 돌리는 감각조차 희미해져 바다 언저리에서 갈지자로 맴돌았다.

아버지는 지천명을 맞고부터 연이어 폐 관련 질병을 앓아왔다. 배 고장처럼 한곳을 고치면 또 다른 곳이 덜컥댔다. 숨 쉴 때마다 날카로운 흉통에 시달리다가 이순이 지나 큰 수술을 연거푸한 뒤에는 줏대잡이 역할마저 내렸다. 나사못으로 척추를 바투 잡았으나 용골이 부러진 몸으로 쇠뭉치에 의지해 직립하기란 그리 쉬운 일이 아니었다. 관절을 조립한 몸에서 진한 녹내만 풍기다가 만신창이 된 육신은 마음을 곧추세우지 못한 끝에 요양병원 신세를 져야 했다.

요양병원은 도심의 섬이다. 거기에는 수많은 폐선이 떠밀려와 쉬고 머물며 정박해 있다. 그곳에 있는 노령의 사람들은 배와 같아 기관을 수리할 수 없거나 방향키가 말을 듣지 않거나 스크루가 부러져 더는 움직일 수 없다. 선체에서 붉은 녹물이 흘러내려 섬에는 종일 비린내가 나지만 오늘이 있기까지 저들의 항해는 숭고하기 그지없다. 험난한 항해에 상처만 남은 아버지도 철제 침대 하나에 닻을 걸었다.

아버지는 정박한 배처럼 낡아갔다. 시간과 비례한 녹이 곰팡이처럼 전신에 번졌다. 심장의 기능이 떨어지고 수리한 기관마저 기능을 되찾지 못해 덜그럭거렸다. 숨조차 고르지 못한 아버지는 요양병원이 인생의 마지막 정박지라 여겨졌는지 하루살이처럼 뱅뱅거리던 희망마저 지워버렸다.

땅 위의 외딴 섬에도 한때는 온기가 돌았다. 지인들이 차례로 아버지를 찾아와 뭍의 소식을 전했다. 하지만 닻을 내린 시간이 길어지자 안부를 묻는 발길도 뜸해졌다. 아버지 이마 위에 검버섯이 짙어졌고 틀니를 뽑아 둔 잇몸 사이로 말이 새어나갔다. 날이 달로 되고 달이 해로 넘어가자 아버지 인생에도 짙은 어둠이 깔리기 시작했다.

어스름이 드리워진 그림자는 길고 쓸쓸했다. 갯바위만 덩그러니 지키는 섬에는 간간이 지나가던 철새가 오갈 뿐이었다. 나는 철새처럼 가끔 낡은 뱃머리에 앉아 운율에 맞지 않은 시 한 수 읊조리다가 돌아왔다.

도심의 섬에는 수많은 폐선이 차례차례 일몰을 맞이한다. 그들은 맥없는 이야기로 외로움을 달래지만 잘나가던 무용담의 끝은 안타깝게도 예측할 수 있는 종점이다. 과거와 미래의 갈림길에서 환영처럼 나타났다가 스러지는 기억조차 붙잡으려 안간힘을 쓰지도 않는다. 삶이 결박당했으므로 낡은 육체도 버릴 때가 머지않음을 잘 알기 때문이리라. 하지만 해가 지면 다시 낯선 항해를 꿈꿀지도 모른다.

'자는 잠에 데려가 주소서.'

그들의 기도에는 욕심이 없다. 더 살게 해달라는 애원도 부자가 되게 해달라는 기원도 없다. 아버지도 그랬다. 한동안 외딴섬으로 가는 처지를 거부했지만 모든 것을 내려놓고 순순히 받아들였다. 옛일을 회상할 때면 젊은 날 나라를 지키고 받은 훈장을 자랑스러워했다. 그러다가 전장에서 삶과 죽음의 능선을 함께 넘나들던 전우가 그리웠는지 홀로 현충원이 있는 산으로 떠났다.

선체를 손끝으로 쓸어본다. 내 등을 긁어주던 손길처럼 꺼칠꺼칠하다. 아버지 등에 업힌 기억을 좇아 부두로 간다. 수평선 너머에서 짭조름한 내음이 불어온다. 아버지의 땀 냄새다.

4부
내 마음의 숲

번지점프

태봉대교 위 번지점프대가 설치되어 있다. 한탄강 기슭에서 올려다보니 천만 길 낭떠러지 같다. 보기만 해도 소름이 돋는데 줄을 매단 사람들이 담방담방 허공에 날아든다. 천지가 줄 하나에 엮인다.

점프대 앞쪽으로 아들이 나선다. 멀리서 보는데도 입이 마르고 가슴에서 북소리가 울린다. 줄의 이음새에 작은 문제라도 생긴다면 아들은 영락없이 강으로 추락하게 된다. 착지점에 기다리는 고무보트가 하도 태연하여 목 안으로 삭지 않을 덩어리가 삼켜진다.

번지점프는 남태평양 바누아트 펜테코스트 섬의 부족이 매년 봄에 행하는 성인축제에서 유래하였다. 나무 탑 위에 올라가 칡의 일

종인 '번지'라는 긴 덩굴을 다리에 묶고 뛰어내렸다. 그들은 용기와 결단력을 남성의 담력 과시라고 여겼으며 성인이 되기 위한 첫째 조건으로 생각했다.

아들이 발목에 묶인 줄 하나 믿고 몸을 던진다. 먹이를 낚아채는 새처럼 단번의 날갯짓으로 허공을 헤치고 푸른 냄새를 맡는다. 덜 성숙한 제 안에 껍질을 깨려는 것인가. 순식간에 창공으로 날아들어 화살처럼 내리꽂았다가 치솟기를 한다. 줄의 탄력으로 온몸이 서너 번 튕겨진다. 고무공처럼 튀어 오를 때면 탄성이 터진다. 쳇바퀴를 굴리는 다람쥐처럼 답답하게 갇혀 지내던 일상에서 후련하게 벗어나고 싶었나 보다. 아들의 시원스런 목청이 강물에 업혀 흐른다.

자유롭게 생활하던 아들에게 한시도 긴장을 놓아서는 안 되는 군대가 얼마나 각다분한 곳인지 상상만 해도 이해가 간다. 입대 후 처음으로 외박을 나왔기에 이등병 패기로 두려울 것 없어 보이나 가족이란 줄에 의지한 새가 되고 싶었던 모양이다. 멋진 비상을 한 아들도 부족의 성인식처럼 한 뼘은 더 자랄 것 같다.

젊은 시절에 남편도 사회란 번지점프대에서 뛰어내린 적이 있다. 평소와 다름없이 출근했던 그가 전화 한 통만 남기고 돌아오지 않았다. 달포 가까이 지내고서야 돌아와 월급치 조금 더 되는 돈을 내놓았다. 입 다물고 있는 것이 백 마디 말보다 깊이를 잴 때가 있어 그의 속마음이 짐작되었다. 햇볕에 널어둔 무처럼 내 몸과 마음은 말라 들었지만 그를 나무랄 수가 없었다.

남편은 직장에서 자기 생각을 관철할 수 없어 사표를 냈다. 갑작스러운 행동으로 무모한 도전이 될 뻔했던 그가 확신한 것은 무엇일까. 어린 두 자식이 돌아올 수밖에 없는 줄이었을까. 어쩌면 내가 어떤 이유든 박수할 것이라 믿었는지도 모른다. 그에게는 힘겨운 용기였고 그런 결단력이 없다면 언제까지 후회할 수도 있는 일이었다. 나의 걱정만 키우다가 반쪽이 되어 돌아온 남편이지만 다독일 수밖에 없었다.

남편에게 가장 튼실한 줄은 가정이고 가족이다. 만만하지 않은 사회에 부딪치며 헤쳐 나갈 수 있는 것도 가정이 있어서다. 사회에 내몰린 삶은 차가운 철골 위 점프대에서 줄을 매고 서 있는 것과 같을 터라 불안할 수밖에 없다.

사람은 임계점까지 가면 탄성으로 튀어 오르게 된다. 물도 일정 온도로 올라야 요동을 치며 끓는 것처럼 상황의 정도나 무게의 차이는 있겠으나 바닥을 치게 되면 스스로 오르는 법도 알게 된다. 누구나 질적인 한계점을 발견했을 때 되돌아가는 곳이 가정 아닌가. 가장 위태롭고 무서운 상황에서 남편도 가정을 번지점프의 줄처럼 믿고 한번 뛰어내려 본 것이었다.

인생은 번시점프를 하는 것과 다를 바 없다. 출생할 때 엄마 뱃속에서 달았던 탯줄을 끊고 인생 줄로 갈아탄다. 그 줄이 참고 견디는 힘이요, 살아가는 이유이기도 하다. 때론 용기를 필요로 하고 책임이라는 대가를 주기도 하지만 스스로 쳐 놓은 줄에 엮여 숙명처럼 살아간다. 학연이나 지연 등 인맥에 갇힌 채 시각의 한계점을 만들기도 하면서 극한 어려움 앞에서는 인연의 줄에 더욱 의지하게 된다. 더러 줄을 놓아버려 안타까움을 주는 사람도 있지만 대개 살아가는 이유를 붙여 힘을 얻는다.

아들은 짧은 비상이 만족스러운가 보다. 함박웃음을 물고 고무보트에 내려선다. 이마에 묻은 땀방울조차 싱그럽다. 자신감을 얻었는지 표정도 사뭇 다르다. 새는 부화할 때 어미의 조급함으로 밖에서 알을 깨트리지 않는다. 스스로 알을 깨고 나온 새만이 세상에서 삶을 찾는다. 나도 아들이 더욱 건장한 청년이 되길 묵묵히 지켜볼 뿐이다.

아들의 늠름함에서 성인식을 통과한 부족들의 기백이 느껴진다. 남편과 아들을 바라보는 나도 튼실한 줄에 매달리듯 손아귀 힘을 잔뜩 들인다.

네가 주인공이야!

딸의 졸업작품전시회장이다. 5년 동안 익힌 학업의 결과물을 볼 기회여서 허투루 넘길 수가 없다. 전시장에는 멋진 건축 모형이 수십 편 전시되어 있다. 부모나 친구로부터 받은 축하물도 즐비하다. 모두 긴 여정에 박수를 보낸다. 딸의 작품 앞에 안고 간 호접란 화분을 둔다.

그들의 아이디어가 대단하다. 개발의 여지가 있는 땅을 물색하여 새로운 시설로 설계한 작품들이다. 딸은 문화복합시설을 계획했다. 도시 미관을 문제시하는 시장 부지를 응용한 것이다. 3D 이미지로 삭성된 도안 패널이 작품의 이해를 도와준다. 딸이 선택한 지역은 공업 도시로 급격한 경제성장을 했지만 문화시설에 대한 기반이 부족하고 타도시보다 수준도 떨어지는 곳이다. 딸은 거리낌 없이 자기 견해를 내세워 작품을 내놓았다. 당돌하면서도 독특한 창조물이다.

건축도 인간을 위한 것이어야 한다. 젊은이들의 발상은 가상적이나 저마다 현실적인 참살이를 위한 설계로 창의적이다. 건축의 미래가 저들의 손에 달렸기에 다행이라는 생각도 든다. 섬세하고 다부진 역량을 발휘한 작품들을 보니 왜 저들이 학문에 5년간 몸담아야 하는지 알 듯하다.

젊은이들의 실업률이 만만찮다. 취업준비생이나 취업 의사가 없는 사람은 실업률에 포함되지 않는데도 청년실업률이 체감실업률보다 심각하다. 자녀들이 부모의 능력에 의존하는 경향이 많을 수밖에 없다. 더러 취업이 어려우면 학업으로 대신 안주해 버리기도 하지만 대부분의 취준생의 피부로 느끼는 취업 관문은 그야말로 스트레스가 이만저만이 아니다. 딸아이가 전공한 현재의 건축분야 취업문도 좁아 이렇게 어렵고 까다로운 공부를 왜 시켰을까 싶다.

현실은 냉정하다. 수험생은 점수에 맞추어 관련 학과를 선택하거나 취업 인기 학과를 지망하기도 한다. 인생은 멀리 봐야 한다며 얕은 계산을 하면 금방 지치게 될 것이란 가르침이 잘못되고 있다. 자신이 잘할 수 있고 좋아하는 공부가 탁월한 선택임이 분명한데 결과적으로 시대의 시련을 고스란히 겪고 있지 않은가.

현실과 이상이 교감하지 못하는 사회다. 저들은 찬바람만 일고 있는 취업 관문을 바늘구멍이라 표현한다. 꿈의 날개를 펼칠 기회가 적은 젊은이들은 더욱 난감해한다. 그러니 전공과 다른 삶으로 전환하는 경우도 있다. 자신이 추구하던 이상은 던져버리고 안정된 미래만을 보장받고 싶어 하는 이 땅의 젊은이들, 저들만이라도 진정한 삶의 가치를 제대로 세웠으면 하는 바람이다.

졸업은 세상으로 날 수 있는 기점이다. 젊은이들이 졸업을 기꺼이 기다리는 사회여야 하는데 오히려 두려워하고 있다. 긴장하고 불안해하는 모습이 과연 저들만의 문제일까.

몇 날씩 밤을 새워 한 작업이 행복하더라는 딸아이의 얼굴에서 맑은 햇살이 비친다. 아직 꿈을 좇느라 이상에서 헤어나지 못하는 저 순수함을 나도 기꺼이 사랑하리라.

'네가 주인공이야!' 호접란에 걸린 축하 메시지에 멋모르는 웃음이 번진다.

해피

아파트 정문 옆에 강아지 한 마리가 매여 있다. 한 뼘 정도의 키에 등 부분이 청회색인 걸 보아 젖 뗀 지 얼마 안 된 요크셔테리어 종이 틀림없다. 며칠 계속된 불볕더위는 강아지에게 한 뼘의 그늘도 허락하지 않는다. 사정이 여의치 못하다며 잘 키워달라는 당부 글이 적힌 종이마저 돌멩이에 눌린 채 달싹거린다.

강아지도 눈치가 있나 보다. 버려진 걸 알고 속울음을 삼키는지 머리에 꽂아둔 분홍색 리본이 파르르 떨린다. 무슨 연유로 한번 맺은 인연을 책임지지 못하는 걸까. 두려움을 감추지 못하는 눈망울을 보며 오랜 시간 함께했던 우리 집 해피가 어른거린다.

해피는 오래전에 기른 강아지였다. 세상에 나오자마자 어미에게

서 떼어 왔다. 식구들은 강아지에게 행복을 주문하듯 '해피'라고 불렀다. 젖병을 물려 키웠지만 거실에 뛰어다니게 하거나 안고 다니지는 않았다. 그렇게 길들여진 탓인지 사람에게 안겨들기보다는 꼬리를 치켜세워 맴돌기로 반가움을 표현했다.

개도 인연 공덕이 있어야 한 식구가 된다. 개와 가족이 된다는 건 사람이 개로 인해 수행을 실천하고 개도 윤회의 수업을 하는 게 아닐까. 해피가 첫 출산으로 밤새 산고를 겪을 때는 나까지 뜬눈으로 마음 졸였다. 애써 낳은 새끼가 눈도 뜨기 전에 죽자 해피는 네 발로 시멘트 바닥을 긁어대며 울부짖었다. 개도 새끼를 가슴에 묻는 것은 사람이나 마찬가지였다. 그 고통을 지켜보며 고작 내가 해 줄 일은 고깃국을 들이미는 것뿐이었다.

단독주택에서 아파트로 집을 옮기면서 두 살 된 해피를 자신이 태어난 친정에 데려다 두었다. 까만 단추 같은 눈망울로 나를 한참 바라보았으나 모른 척 두고 와버렸다. 그날 이후 해피는 먹는 것을 마다하고 밤낮 울어댔다. 제 어미가 있는 곳이기에 잘살 것이라 믿었는데 혈연도 당기지 않았던 모양이었다. 애착이 강한 해피에게 나는 절대적인 어미였다. 영락없이 자식 버린 어미가 되어 며칠 후 다시 데려올 수밖에 없었다.

원치 않는 이별로 마음에 병을 얻은 탓인지 해피의 불안증세가 심해졌다. 낯선 사람만 보면 왕왕거렸다. 목청을 돋우어 죽으라고 짖어대는 바람에 친척들조차 내왕이 조심스러웠다. 사나운 짐승도 길들이면 온순해지는 법인데 해피의 잘못 형성된 애착 관계는 날이 갈수록 더했다.

어쩔 수 없이 해피는 베란다에 내쫓겨 목줄을 건 신세가 되었다. 그러자 다시는 버려지지 않을 거란 믿음이 생겼는지 오히려 순해졌다. 낯선 자가 집안에 들어오면 빤히 쳐다보다가 몇 번 짖고는 제 집에 들어갔다. 혼자 빈집을 지킬 때는 정해진 곳에 배변하기도 잊지 않았다. 가족들은 외출에서 돌아오면 일순위로 해피부터 챙겼다. 해피도 좋아서 어쩌지 못하겠다는 듯 꼬리를 치며 맴을 돌았다. 그러던 해피가 세월 앞에 무릎을 꿇었다.

해피의 몸에 이상이 생겼다. 늙고 닳아진 관절을 일으킬 재간이 없는지 곡기를 끊은 채 종일 엎드려 눈만 껌벅거렸다. 수의사는 사람으로 보면 백수를 누린 거라 했다. 명대로 살았기에 고통 없이 보내주라며 동물처리센터의 전화번호를 건넸다. 뒤처리까지 깨끗이 해 준다고 해서 받아둔 명함을 읽기라도 했는지 해피가 이별을 예고했다.

해피는 보고 새긴 것이 얼마나 많을까. 짙은 어둠을 묻히고 집에 돌아와 베란다로 나가면 혼자 있은 시간을 보고하듯 다리 사이 감겨들었다. 식구들 언성이 높아질 때면 제집에 들어앉아 보고도 못 본 척, 듣고도 못 들은 척했다. 가끔 까다로운 식성으로 존재를 확인시켰고 커피 냄새가 나면 잔을 건네야 조용했다.

해피는 온몸이 늘어져서도 저세상으로 쉬이 가지 못했다. 생에 집착인지 가족의 정을 떼지 못해서인지 다 놓고 떠나라는 위로에도 묵묵부답이었다. 식구들이 차례로 눈시울을 붉혔던 밤, 주사기 끝으로 떨어뜨리는 우유를 두어 방울 핥고서야 먼 길을 떠났다. 가족만 믿고 신뢰했을 해피에게 진정한 사랑이란 어떤 것이었을까. 이별과 만남이 둘이 아니라 하기에 윤회 길로 들어선 해피의 다음 생을 빌 뿐이었다.

함께했던 시간을 잊는다는 건 누구에게나 아픔이다. 말 못할 사정으로 떠나보내도 속정 뿌리를 뽑기까지 고통이 따른다. 어린 강아지를 버려두고 돌아선 주인도 수없이 눈시울을 적셨지 싶다. 버려진 강아지가 그걸 아는 것 같다. 그늘 뼘이 늘어난 곳으로 자리를 옮겨줘도 물 한 모금 먹지 않는다.

일전에도 아파트 현관에 강아지 두 마리가 상자에 담긴 채 있었다. 조그만 것이 간절한 눈빛을 보냈으나 지나가는 누구도 거두려 하지 않았다. 나 역시 해피와 같은 이별이 두려워 집으로 안고 올 수가 없었다. 남편이 동물병원에 데려가 예방접종을 시킨 뒤 잘 키울 수 있는 댁에 보냈다.

강아지는 얼마나 많은 생각을 꿰고 있을까. 경비 아저씨마저 애가 타는가 보다. 물과 우유를 번갈아 내민다. 창창한 여름하늘마저 원망스럽더니 잠시 나뭇잎이 바람 등에 업힌다. 정말 잘 키울 수 있는 집에서 강아지를 데려간다면 이름을 '해피'라고 하면 좋겠다. 그런다면 우리 가족처럼 해피로 인해 더 많은 행복을 나눌 수 있을 것 같아서다. 어디선가 컹컹거리며 해피가 쫓아올 것만 같다.

오일장

봄 햇살이 영사기 빛처럼 쏟아진다. 할머니들의 정수리가 환하여 활동사진을 보는 듯 감회가 새롭다. 시장 상가를 따라 인도 위엔 할머니들의 보따리가 점령했다. 흙내 그득한 길은 장을 보러 나온 사람들로 복작거린다. 다른 볼일이 있어 들른 곳이지만 뭐 필요한 것이 없을까 하고 그 틈에 끼여 본다.

이곳 사람들이 흔히 '아랫시장'이라고 부르는 중앙시장의 오일장이다. 경주엔 가끔 들르지만 오일장과 맞닥뜨린 건 처음이다. 오늘은 버스를 타고 온 덕이다. 버스 안에서 불편함을 떠올렸던 기억은 시장에 들어서면서 까맣게 잊었다.

좀약부터 묘목이며 책까지 없는 것이 없다. 그중 산야초를 파는 곳이 가장 붐빈다. 봄이라 아무래도 산야초가 오일장의 꽃인 것 같다. 제각각 가져온 물건을 펼친 보자기가 색색이다. 가뭄에 터진 밭이랑처럼 툭툭한 할머니들 손이 꽃처럼 펼쳐진 보자기 위를 오가느라 분주하다. 호객행위도 사투리 탓인지 구수하기만 해서 고향 생각이 날개를 편다.

어린 시절, 나비가 달린 하얀 고무신이 무척 신고 싶었다. 어느 날 결심을 하고 검정고무신의 옆구리를 칼로 찢어버렸다. 아무리 졸라봤자 멀쩡한 신발 두고 새 신을 사줄 리가 만무했기 때문이다. 어머니는 어이가 없었던지 혼내지도 않았다. 며칠이 지나 장날이 되자 어머니의 손을 잡고 장에 갔다. 그날 나는 그토록 바라던 하얀 나비 고무신을 신고 집으로 돌아왔다.

어머니는 장에 갈 때마다 매번 과자를 사 주셨다. 파래가 발린 센베이와 입안에서 사르르 녹던 상투 과자, 또 소라 과자와 돌사탕까지 골라 먹는 재미가 있었다. 값을 치른 과자보다 덤으로 얹어 준 것이 더 많아 넘칠 것 같은 종이봉투 입구를 조막손으로 오므려 쥐었던 기억이 난다. 집에 오는 동안 쉴 새 없이 바드득거리며 먹느라 입천장이 헐곤 했다.

내가 사는 아파트촌에도 장이 열린다. 7일장이라 매주 화요일이면 아파트 담장을 둘러가며 난전이 선다. 시골장과는 사뭇 모습이 다른 것이 꽃집과 횟집, 과일가게가 인기다. 농산물도 나오지만 판매하는 사람이 산지 생산자가 아니라 정겨운 맛은 없다. 사는 사람들도 농부의 노고를 생각하기보다는 때깔부터 살핀다. 판매자는 손저울로 대충인 척해도 매번 정확한 양을 잰다. 덜었다 넣었다 하며 인심 쓰는 척 건네지만 덤이라곤 없다.

흥정을 해본 지가 언제인지 까마득하다. 백화점이나 대형할인점에선 어김없이 정찰제이고 아파트촌 7일장에서도 값을 에누리하지 않는다. 상인의 눈치가 얼마나 매서운지 살 것이 아니면 물건을 만져보는 것도 삼가야 한다. 행여나 가격이라도 물어보려고 하면 마음이 변할까봐 비닐봉지에 물건부터 담는다. 그러니 말 한 번 건네기도 어렵고 장돌림꾼들이라 단골을 정하거나 친해질 수도 없다.

요즘은 산지 직거래로 물건을 구매하는 사람이 많다. 나도 인터넷으로 과일 몇 가지를 사 본 적이 있다. 믿을 수 있다는 장점이 있지만 얼굴을 보며 사는 것이 아니라 푸근한 느낌이 없다. 그래서 아파트 베란다에 흙을 채운 스티로폼 상자를 두고 상추며 고추를 키워 먹는 집도 있다. 어디 땅에서 비바람과 햇살을 재우고 자란 것에 비할까. 조금이라도 도회지의 냄새가 묻어버린 것에선 어머니 품 같은 정이 느껴지지 않는다.

생전 어머니는 고추만큼은 손수 장만했다. 텃밭에 농사를 짓기도 하고 모자라는 양은 이웃에서 사들여 손수 말렸다. 어머니가 보내

준 양념으로 음식을 하면 확실히 때깔이 좋고 맛도 달랐다.

어머니 생각이 나서 두릅 파는 할머니 곁에 가 앉는다. 싱싱한 두릅이 줄 맞춰 짚에 꿰여 있다. 바닥에 깔린 보자기는 낡고 해졌지만 채소를 다듬는 손길이 정갈하다. 마수걸이인지 할머니는 내가 내민 돈을 머리 위에 쓱쓱 문지르고는 "재수 좋아라!" 하고 웃으신다. 골 깊은 얼굴 주름이 같이 웃는다. 그 모습에 나도 덩달아 웃음이 난다.

또 다른 할머니 곁에 가 앉는다. 처음 보는 산야초를 들여다보고 있자니 친절하게 요리법을 설명해 주신다. 귀담아들은 다음 오늘 저녁 반찬으로 내놓을 요량에 한 소쿠리를 산다. 햇고사리와 참죽나물을 사고 남편이 좋아하는 취나물도 산다. 할머니들이 옥셈이라도 한 것은 아닐까 걱정이 들지만, 버스 타고 돌아가야 하는 것도 잊고 덤으로 얻은 나물이 양손에 가득하다.

정이란 한쪽으로만 흘러서는 의미가 없다. 값을 치르고 가져오는 것이라도 푼푼한 마음을 감추지 못 한다. 할머니는 제 식구가 먹을 것으로 생각하며 이것들을 키운 것 아닌가. 나물과 채소들을 정성껏 요리해서 식구들과 맛나게 먹는 것이 내가 할 수 있는 일이다.

요즘 동네마다 슈퍼마켓이나 대형할인점이 많다. 할머니들이 늘어앉은 상가건물 뒤에도 대형할인점 간판이 보인다. 봉지 가득 봄을 담아가느라 성글었던 걸음이 차분해진다. 평생 흙을 일구던 저 할머니들이 다시 흙으로 돌아가면 이 오일장 골목은 누구의 자리가 될까. 막 노을이 지기 시작했는지 건물 꼭대기 근처 하늘이 감빛으로 물들기 시작한다.

고라니

흔들릴수록 야물어지는 것들이 자연의 품에서 고스란히 커 간다. 푸른 바람도 산을 휘돌아가느라 흙내를 일으킨다.

뒷산 아래 텃밭은 밭고랑을 지을 때마다 골라낸 돌이 만만치 않을 정도로 척박했다. 몇 해 그 거친 흙 속에 깻묵을 묵히고서야 작물을 거두었다. 깻잎이며 상추는 물론 풋고추나 오이, 가지까지 곁 사람에게 건넬 정도였다.

작년 초봄부터다. 녀석의 출현은 예기치 못한 일이었다. 나무가 빼곡한 산이 아니기에 그놈이 산다는 게 가당치나 한 일인가. 뿌려둔 씨에서 싹이 트거나 모종을 심어둔 다음 날이면 어김없이 못된 소행이 이어졌다.

처음에는 사람의 짓이라 여겼다. 울타리 없는 밭이라고 아무나 드나드는 것 같아 서운했다. 해거름에 모여든 사람들이 말을 아꼈다. 그들도 누구 짓인지 헤아리느라 속상해 하는 눈치였다.

두어 번을 당한 뒤 저절로 번지는 돌나물밭에 바쁘게 다녀간 발자국이 서넛 보였다. 경계를 지어놓은 곳의 작물은 없어지는데 제멋대로 흩어져 자라는 것은 그대로 있었다. 그제야 사람들은 고라니 짓이라 단정했다.

말 못하는 짐승을 다스리는 방법이 이것뿐이라며 울타리를 하기로 의견을 모았다. 다시 파종할 시기는 늦었기에 몇 가지 모종을 사다가 심은 뒤 초록색 그물로 밭 주변을 에워쌌다.

밤새 모종이 또 없어졌다. 기가 찰 일이었다. 울타리를 뛰어넘어 이웃 밭에 것까지 해치웠다. 옥수수며 막 땅을 비집고 오르던 쑥갓까지 뿌리 한 톨 안 남겼다.

내 삶에도 두어 번 고라니가 다녀갔다. 어머니께서 딸의 손목에 금팔찌를 끼워준 적이 있었다. 당시 나에게는 싸구려 액세서리조차 사치 같았던 시절이었는데 이를 안쓰럽게 여겼던 어머니가 배려해 준 선물이었다. 외출할 때는 꼭 착용하라 당부했지만 곱게 싸서 장롱 속에 두고 친정행사 때만 어머니 마음을 짚어 손목에 걸었다.

어느 날 장롱 서랍을 열다가 혼비백산했다. 금팔찌가 감쪽같이 사라지고 없었다. 딸의 가난을 감춰 주고 싶던 어머니 마음마저 잃었다는 생각에 소름이 돋았다. 며칠이나 손이 떨리고 가슴까지 죄어들었다.

그동안 두어 번 거슬리는 짓을 하다 내 눈에 발각된 사람이 이웃에 살고 있었다. 그 사람의 소행일 것 같아 마음 울타리를 단단히 쳐두었다. 하지만 그는 틈만 나면 내 집을 드나들었다.

결혼 패물도 누가 거두어가 버렸다. 그날도 시름시름 며칠 앓다가 큰 병일까 싶어 종합병원에서 진종일 시달리고 온 날이었다. 식구들이 나에게 매달리느라 녹초 되어 돌아오니 도둑이 집안을 휘젓고 갔다. 결혼 증표로 나눠 가진 반지 몇 개와 두 아이의 재롱이 담긴 사진기까지 가져가 버렸다.

귀한 것을 예사로이 둔 나의 잘못이 컸다. 물건을 잃은 게 제대로 간수 못 한 내 탓이라 생각하자 이해 못 할 일도 아니었다. 궁한 사람에게는 견물생심이 당연했으리라. 그러기에 모든 일의 근원에는 자신이 존재하게 마련이었다.

고라니는 사슴과의 동물이다. 뜀뛰기를 잘하여 울타리를 어른 키만큼 키워도 소용이 없다. 고라니가 텃밭에 넘어올 때는 마땅한 사정이 있지 않을까. 야위어진 산에서 배고픈 새끼를 돌보는 어미였을 수도 있다. 초지나 습지에 시식하기를 좋아하여 갈대밭이던 이곳이 그들의 터전이었을지도 모른다. 터를 잃었기에 새벽이나 해 질 녘이면 습관처럼 발길이 이어졌을 수도 있다. 그후에도 고라니는 몇 번이나 텃밭을 다녀갔다.

한집에 살던 그녀는 아이 셋을 혼자서 키웠다. 어린 새끼들을 돌보느라 늘 허기져 했다. 남편이 외항선을 탄다고 했으나 누구도 그녀의 남자를 본 적이 없다. 이웃들은 '큰집'에 몇 년간 갇혀 있었다는 확인 못 할 소문까지 흘렸다. 하지만 그 사건이 있고 난 뒤 나를 위로한답시고 조개를 듬뿍 넣은 부추전을 구워 나르고 전에 없이 내 아이 손에 과자봉지도 통째로 쥐여 주었다.

경계를 없애는 것도 한 방법일 것 같았다. 고라니가 빈약한 겨울을 나느라 작물을 해치운 짓은 괘씸하다. 그도 봄 산에 입맛 도는 것이 무성해지면 몰래 작물을 먹어치우기는 그만할 것이다.

배고픈 새끼 앞에서 모든 모성은 절박해진다. 그녀는 모진 세상에 마음을 내지 못하여 곁눈질만 키운 것 같았다. 내가 먼저 마음을 터놓지 않았으니 다른 사람에게 의심도 드러내지 못할 것으로 생각했을까. 세상에 별다른 삶이 없어 하나 더 가지고 안 가지고는 문제가 아님을 나도 알아야 할 일이었다.

봄이 무르익었다. 탁 트인 텃밭에 늦게 심은 작물이 영글어져 간다. 안으로 삼키고 재운 영양분이 물관을 타고 잎맥까지 흘러 하루가 다르게 생기를 보인다. 삶에 스승이 따로 없다. 흔들릴수록 야물어지는 것은 생명체의 진리다. 나도 초록물이 드는지 코끝에 풀 향이 물씬하다. 고라니의 새끼 거두기는 수월해졌을까.

풀, 너 죽었다

편히 있다 가리라 생각했다. 이틀쯤 쉬어가면 또 몇 주는 세상과 맞부딪쳐도 견딜 수 있을 것이라고 여겼다. 그러기에 여느 회장댁 별장에 가듯 들뜬 마음으로 금요일 일과를 마치고 왔건만 빼곡한 잡초가 길을 감추었다. 감나무 밑과 텃밭의 먹을거리까지 꼭꼭 숨겼다.

처음 장만한 땅이어서 '농장'이라 말하지만 실제로 텃밭 수준이다. 농가 한 채 들어설 만 한 크기의 농장엔 감나무가 대부분을 차지하고 있다. 나머지 터에는 고사리가 심겨져 있어 자투리땅에다가 이런저런 것을 가꾸느라 주말을 이용해 다니곤 했다. 고사리를 거둘 때는 매주 간 적도 있으나 요즘엔 손이 가지 않아 그럴 필요가 없다. 감나무도 두어 번 병충해약을 쳤기에 잘 영글기만을 기다리면 되어 3주 만에 들렀다. 야심한 시각이지만 바깥 등을 켜 두고 풀 제거 작업부터 시작한다. 누가 저 푸름에 반해 시를 썼더란 말인가. 저 철면피 같은, 저 파렴치한 기회옹호주의들. 세상에 순응하는 것처럼 보이지만 실상은 온몸으로 저항한다. 저번에 왔을 때 뿌리째 뽑기도 하고 낫으로 싹싹 베었건만 저리도 어지럽게 자란 걸 보니 막막했다.

처음에는 풀에 반했다. 손가락 길이의 쇠뜨기는 작은 바람에도 파란 물결로 일렁거려 농막에 앉아 바라보면 싱그러웠다. 민들레는 군데군데 노란 꽃을 피워 마치 초록 보자기에 수를 놓은 듯했다. 감나무며 고사리를 감고 오르는 박주가리의 여린 줄기마저 대견스러웠다. 자연의 조화가 어찌나 근사한지 그냥 내버려 둘까도 싶었다. 하지만 감나무의 영양을 뺏는다기에 어쩔 수 없이 해치워야 했다. 일자로 뿌리를 내린 쇠뜨기는 얼마나 고집스러운지 호미질이 통하지 않았다. 민들레도 만만찮았다. 손아귀에 힘을 주어 뽑으면 중간에서 뿌리가 뚝 끊어지기 일쑤였다.

풀은 기질이 옹골차고 암팡지다. 여려서 순한 줄 알지만 웬만해선 사람에게 지질 않는다. 뽑아도 하룻밤 지나면 또 돋아나니 눈치가 백 단이다. 바람이 살랑거리면 흐느끼듯 제 물결에 몸체를 맡기며 어떤 볕에도 녹아내리지 않고 버틴다. 오가며 누가 밟기라도 한다면 뻗대는 오기도 있다. 그러기에 사람들은 제초제를 뿌려 아예 숨통을 끊어 버린다. 마음 약한 나는 아직 그런 용기를 내지 못한다.

풀의 오기가 이해되긴 하다. 눈엣가시인 풀 입장을 헤아릴 바보가 있겠냐만 거름 줄 때면 거둘 작물만 생각한다. 저것들이 나 보란 듯 악쓰고 몸을 키우는 것도 저를 염두에 두지 않는 것을 알기 때문이다. 풀이 농장에 태어나서 원망스럽지, 들판에서 살아간다면 누가 밉다 하겠는가. 잡초라지만 끈질긴 생명력을 보면 뭔들 못해낼까. 사랑을 받아본 적이 없어 저토록 악바리로 사는 것을. 오히려 저 푸름으로 내 눈이 즐겁고 흙먼지도 걸러준다고 여기니 '에라, 너도 태어난 이유가 있는데 어디 살 만큼 살아봐라!' 싶어진다. 그러고 보면 내가 풀에 해 준 것도 없으면서 기를 쓰고 횡포를 부렸지 뭔가.

멋모르고 시작할 때가 좋았다. 늘그막에 건강을 맹신하고 거리도 생각하지 않은 채 일을 저질렀다. 처음에는 내 것 찾아온다고 신났는데 한 해 다녀 보니 기름값이며 도로 통행료로 대차대조표가 그려진다. 어디 그것만이겠는가. 장거리 운전에 지치고 풀과 싸우느라 관절에도 무리가 왔다. 그러면서 이 상황을 즐겨야 한다고 우기는 것은 늙어 갈수록 자연에 업혀 살고 싶어서다.

마음을 비우니 눈에 보이는 것이 모두 푸르다. 감나무 잎도 두툼하게 넓어지고 올망졸망 매달린 감도 튼실하게 영글어 간다. 그 그늘에서 넘실넘실 춤추는 풀들, 이것들이 제대로 어우러져 한 폭의 전원 풍경을 이룬다. 이번에는 저들의 삶을 그냥 보겠지만 그렇다고 이대로 질 수야 없지 않은가.

어디 두고 보자. 내가 진 것이 아니라 봐주는 거다. 여태까지는 호미나 낫으로 달랬으나 강한 것은 강하게 다룰 수밖에. 다음에 올 때는 제초기를 갖고 와 뿌리만 남겨두고 모조리 깎아버리든지 등산화라도 신고 와 숨도 못 쉬게 꾹꾹 밟을 테다.

풀, 다음에 너 죽었다!

•

내 마음의 숲

숲이 황량하다. 희끗희끗해진 푸름 사이로 초록 비닐 둥치가 버덩처럼 널브러져 있다. 때맞춰 오랜 목마름을 적시는 단비가 내린다. 이 비가 다녀가면 한바탕 홍역 치른 숲이 평온을 되찾을 테지만 초록을 충전하던 내 마음은 여전히 몸살을 앓을 것이다.

잿빛 도시에 지쳤을 무렵 이곳으로 이사했다. 자연의 정취를 살리기 위해 베란다 화단을 없애고 나무마루를 깔았다. 한가한 날에는 숲에 안겨 책을 읽고 손님이 오면 차 향에 솔 향을 더하여 담소마저 싱그러웠다. 그렇게 계절이 순환할수록 내 마음도 숲을 닮아 갔다.

새봄이면 겨우내 꿈을 꾸던 초록이 어김없이 깨어났다. 가지 끝에 새순이 돋으면 봄꽃도 눈웃음쳤다. 꽃샘바람이 훼방 놓았으나 줄기 타고 오르는 연둣빛 행진을 막진 못했다. 노란 송홧가루를 흩뿌린 바람은 이어 아까시나무의 하얀 꽃향기까지 몰고 와 집안 가득 부려놓았다. 푸른 달과 누릴 달의 숲에 뻐꾸기 소리는 아스라한 봄날 향수를 깨웠다.

여름 숲은 활기가 넘쳤다. 망개나무 이파리가 뼘을 넓히자 이에 질세라 담쟁이덩굴이 소나무를 얼싸안고 기어올랐다. 며칠 밤낮으로 밤꽃 향기가 흐드러지나 싶다가는 어느새 알밤들이 가시를 키우며 앙증맞게 영글어 갔다. 가끔 천둥소리를 앞세운 소나기가 왁자하게 지나가고 나면 새들이 젖은 몸을 말리느라 날개를 파닥거렸다. 태풍에 떠밀린 졸참나무는 쓰러지거나 가지가 부러지기도 했지만 숲은 스스로 생채기를 치유하며 평온을 되찾았다.

달음박질치던 초록의 종점에서 나무들은 저마다 푸름 뒤에 감춰 둔 색을 뿜어냈다. 옻나무가 수줍음도 잊은 채 붉은 이파리를 흔들고 담쟁이는 마지막 정열을 태우듯 소나무를 끌어안고 사위어갔다. 갈바람이 졸라대자 집착을 버린 잎들이 저마다 화려해졌다. 단풍도 본색을 드러냈다. 나도 욕심을 버리면 저리 붉을 수 있을까. 가을 숲을 바라보며 내 사색도 깊이를 더했다.

겨울 숲에 기운을 채우는 건 소나무였다. 우람한 근육질에 우듬지를 뻗어 올린 기상은 보기만 해도 듬직했다. 눈이 앉은 솔가지는 세월의 등에 업혀 하얗게 새어버린 머리카락 같아 푸르고 싶은 내 모습을 보는 듯했다. 푸른 물이 떨어질 것 같던 시절이 엊그제였건만 계절은 그렇게 지나갔다. 겨울 숲에서 나는 인생의 다음 계절을 읽어야 했다.

이듬해 봄이 되자 소나무 몇 그루에 병색이 묻어났다. 활엽수는 기다렸다는 듯 푸름을 쏟아내는데 허공을 찌르던 잎이 시름시름 앓기 시작했다. 비가 대지를 흠뻑 적셔도 수액을 빨아올리지 못하고 타는 목마름에 누런 진물을 흘렸다. 재선충이 물관을 갉아먹는 탓이었다. 녹음이 깊어갈수록 죽음으로 가는 색깔만 짙어질 뿐 회생할 기미가 보이지 않았다.

볕 좋은 날이었다. 아침부터 열댓 명의 인부가 하얀 밧줄을 거머쥐고 산에 올랐다. 일꾼들은 맥 놓고 서 있는 소나무에 전기톱을 들이댔다. 날카로운 이빨이 아랫도리를 자르자 나무는 통째로 쓰러졌다. 팔다리가 잘리고 몸통까지 순식간에 동강이 났다. 맹수처럼 울부짖는 전기톱 소리에 다른 나무들이 두려움으로 떨었다. 그후 곁에 있던 소나무도 애가 타는지 예전의 푸름을 보여주지 못했다.

소나무는 죽어서도 제 한 몸 기둥으로 바친다. 하지만 병마에 쓰러지면 땔감조차 안 되는지 두두룩하게 쌓아둔 채 푸른 비닐을 씌웠다. 그것이 숲 군데군데 남아 마치 공동묘지 같은 분위기를 연출했다. 영혼을 달래러온 듯 간간이 새들이 날아와 울고 갔다. 소나무 몇 그루 사라지는 게 무에 그리 큰일일까. 하지만 조화가 깨지는 숲을 보면 가슴이 타들어 가는 열병이라도 앓는 듯했다.

나무는 서로 모여 숲을 이룬다. 사람도 어우러져 마을을 이루고 살아간다. 하지만 인간은 자연보다 생존경쟁이 치열하다. 그 다툼에 지칠 때면 대부분 숲에서 위안을 찾는다. 숲에 마음 주다 보면 나무가 나를 다독임을 알게 된다. 그쯤이면 숲과 일원이기에 말라 가는 소나무를 보는 속도 애가 타게 마련이다.

나무와 사람은 끊임없이 숨을 주고받는다. 나무의 날숨은 사람에게 들숨이 되고 사람의 날숨은 나무에 들숨이 된다. 불가분의 관계 속에서 숲을 보며 나와 타자의 관계를 한 번 더 생각해 본다.

갈증을 씻어준 비는 오후부터 는개로 내린다. 저녁 무렵이 되자 짙은 안개가 숲을 가린다. 늘 그랬듯이 숲의 식구들은 또 새로운 모습을 보여주려 무언가를 도모하지 않을까. 벌레 먹은 자리를 어떻게 메울지 논의하느라 밤새 수런거릴지도 모른다.

이 밤에는 나도 잠들지 못할 것 같다. 다만, 머지않아 저 숲이 복원되면 나의 숲도 치유된다는 것을 믿어야 한다. 갈증을 앓는 내 마음의 숲이 아슴아슴 젖어 든다.

텃밭

어머니의 텃밭이다. 작년에 가지와 고추를 거둔 뒤로 사람 손이 닿지 않아 풀만 무성하다. 풀들이 바람결에 흔들린다. 그 위로 햇살이 물비늘처럼 내려앉는다. 새파란 생명력에 잡초라는 생각을 잊고 한참 바라본다. 저 푸름을 모두 뽑아야 한다는 것이 미안해진다.

겨우내 굳었던 흙을 뒤집고 고른다. 엊그제 봄비가 다녀간 터라 삽질이 수월하다. 포슬포슬한 흙이 뒤집힐 때마다 흙내가 코끝을 간질인다. 밭일을 마치고 돌아온 어머니 품에 안길 때마다 맡았던 그런 냄새다. 유년의 추억은 냄새로 더 오래 기억되는 것일지도 모른다. 밭을 일굴 때마다 까마득한 장면들이 속살을 드러내며 눕곤 한다.

삽질에 도라지 한 뿌리가 땅 위로 오른다. 내가 도라지를 심은 적이 없으니 어머니가 돌아가시기 전에 심어둔 것인가 보다. 몇 년 동안이나 땅속에 좌정하고 있어선지 굵직한 몸채에 무게가 느껴진다. 먹을까 말까 고민하다가 한 뿌리로 뭘 하겠나 싶어 귀퉁이에 다시 심어둔다. 도라지는 한곳에서 4년 이상 자라지 않는다는 말을 들은 적이 있으니 여름이면 연보랏빛 꽃을 볼 수 있을까.

어린 시절, 집 앞에 밭이 있었다. 아침 이슬이 풀잎으로 내려앉았을 때 어머니는 밭으로 나가 비료 대신 인분을 뿌렸다. 바람이 불 때마다 고약한 냄새가 마당을 건너 마루까지 올라왔다. 어머니는 흙이든 사람이든 어디에나 마음을 주었다. 특히 흙은 사람 냄새를 좋아하여 발을 넣고 땀을 주면 그 대가를 한다고 믿었다.

한번은 어머니의 발이 난리를 겪었다. 코끼리 발만 하게 부어오르고 발가락 사이가 갈라져 피가 났다. 병원에 다니며 치료를 받아도 차도가 없었다. 나중에는 걸음을 걸을 수 없을 정도로 곪아 터졌다. 동이 트기 전에 이슬을 묻히며 밭일을 한 탓에 인분 독이 오른 거였다. 병원 치료에도 쉬 낫지를 않아 나중엔 답답한 마음에 나환자촌을 찾았다. 그곳에서 아주 독하다는 연고를 사다 바르고 민간요법을 쓰기도 했다. 오줌을 사흘 이상 삭혀 대야에 담아 끓인 다음 발을 담갔다. 며칠이 지나자 피부가 홀랑 벗겨지고 물집이 마르기 시작하다가 발갛게 새살이 차올랐다.

이사를 하여서도 마당에 밭을 일궜다. 밭일은 고향을 떠나 적적하고 외롭던 어머니의 마음을 삭여 주고 일가가 보고 싶은 그리움도 달래주었다. 살다 뜻대로 안 되는 일이 생길 때마다 어머니는 밭에서 흙을 만졌다. 자라는 작물이 있든 없든 호미는 늘 밭 귀퉁이에 놓여 있었다. 텃밭은 어머니 삶에 위로가 돼 주었다.

어머니는 텃밭에서 여러 가지 푸성귀를 키워 자식들에게 나눠주었다. 씨를 뿌리고 싹이 트면 밭 걱정에 집을 비우는 것조차 꺼렸다. 시장에서 사도 값이 얼마 안 될 텐데 딸네 집에 와서도 며칠 못 지내고 작물 걱정을 했다. 채소들에 자식처럼 마음이 가고 신경이 쓰인 모양이었다. 그러기에 돈으로 계산될 것이 아니었다. 여름날 해거름이면 수도꼭지에 호수를 끼워 물세례를 내렸다. 낮 동안의 갈증을 푼 싱그러움을 보느라 어머니의 눈빛이 보드라워지곤 했다.

나도 텃밭을 가꾼다. 아파트 뒤편에 억새를 걷어낸 작은 땅이다. 겨우내 깻묵을 묻어두었다가 봄에 흙을 뒤집으면 고소한 냄새가 뿜어져 나온다. 고추며 가지, 깻잎처럼 소박한 작물의 씨를 뿌린다. 땅심이 좋아 손바닥만 한 텃밭이라도 우리 식구 먹기에 벅찰 만큼 수확량이 좋다. 이웃에 나눠주며 인심도 산다. 시골에서 자랐지만 열매면 열매, 잎이면 잎, 수차례 거두어도 연거푸 새것을 달아내는 모습이 새삼스럽다. 방아며 돌나물은 내버려 두어도 저 혼자 잘 자라므로 효자가 따로 없다. 투박하고 어설픈 손길에도 투정 없이 잘

자라는 작물들이 볼수록 정이 간다.

작년에는 쑥갓을 심어 제때 거두지 않았더니 꽃을 피웠다. 어느 집 화단 못잖게 풍성한 꽃밭이었다. 서양에서는 쑥갓이 식용식물이 아니라 화초로 분류된다고 하는데 가히 그러고도 남음 직했다. 노란 꽃으로 나비와 벌이 바쁘게 날아들었다. 그 풍경이 얼마나 아름답던지 쑥갓 꽃이 다 질 때까지 따가운 햇볕을 마다치 않고 수시로 사진을 찍으며 서성거렸다.

텃밭에서 흙을 만져보면 어머니 마음을 알 것 같았다. 어머니 말씀대로 작물에 마음이 간다. 땅이 말라 물을 줄 때도 바쁘지 않으면 이웃의 밭까지 젖도록 주었다. 거름을 뿌릴 때도 남는 것이 있으면 주변 밭에 뿌렸다. 같은 흙에서 나고 자라는 것이라 내 것 네 것 따져서 뭣하랴. 땅에 경계를 짓는 것은 사람의 욕심이 하는 짓거리였다. 나에게도 텃밭은 고향이나 다름없다. 흙을 만질 때마다 어머니 냄새가 나고 어릴 때의 추억이 떠오른다.

어머니 집 대문 앞에는 머위가 식솔을 거느린 채 파란 손을 펼쳤다. 대추나무 아래 돌나물은 양지가 아니라도 번져 나갔다. 어머니는 바람의 냄새가 바뀌어도 손톱 끝에 풀물이 지워질 일 없었다.이렇듯 흔히 보는 채소나 먹을거리마다 추억 아닌 것이 없다.

올해는 어머니가 가꾸던 텃밭에 고구마를 심어볼까 한다. 두둑을 두툼하게 올리고 검은 비닐을 덮는다. 빈집에 자주 들여다볼 짬이 없으니 풀을 이겨낼 자신이 없어서다. 바쁘다는 핑계에도 고구마는 저 혼자 알아서 열매를 달아줄 것이다. 제 살기 바빠서 자주 찾아뵙지 못하는데도 자식 생각만 하던 어머니 마음을 잊지 말라고.

삽자루를 쥔 손에 절로 힘이 들어간다. 삽 머리를 발로 힘껏 밟아본다. 오랫동안 어머니의 손길이 닿았던 땅이다. 한 덩이씩 뒤엎는 흙더미에서 그리움의 향이 핀다.

민들레

산 넘고 물 건너느라 두렵지는 않았을까. 봄의 둔덕에 노란 꽃이 수없이 똬리를 틀었다. 평생 흩날리며 종족 번식을 하지만 한 번의 불시착도 없는, 힘차게 뿌리 내린 민들레를 보자 이국 만 리 떠난 오빠 생각이 간절하다.

오빠는 늘그막에 우즈베키스탄으로 갔다. 이태 전 정년으로 퇴임하여 일을 하고자 하는 열정이나 능력과 무관한 현실에 아파했다. 하지만 예순을 사회의 중추적인 역할로부터 제외된 것이 아니라 완숙한 인생의 시작으로 실천했다.

젊은 시절에 오빠는 몇 군데 직장을 옮겼다. 자기 사업도 두어 번 접었다. 그때마다 낯선 환경에서 뿌리를 내리려고 안간힘을 썼다. 어떤 곳에서는 부득이하게 문을 닫았고 다니던 회사가 부도났을 때는 퇴직금을 포기하면서까지 회생시키려 애썼다. 오빠는 자만하지 않는 신념으로 자신을 필요로 하는 곳이라면 기꺼이 달려갔다. 그랬기에 안주하지 않고 새로운 생을 개척하는 것은 당연한 일이었다.

현지 생활을 담은 사진이 메일로 도착했다. 몇 장의 사진에는 소들이 드넓은 초원에서 한가로이 풀을 뜯고 있었다. 1960년대의 우리나라 같아 세월의 꼭지를 돌려 둔 것 같았다. 정감이 가는 자연환경 덕분에 오빠가 낯설지 않게 고향을 그릴 수 있어 다행이었다. 영역을 계산하고 씨를 날린다는 식물의 세계처럼 오빠도 필요한 곳에 뜻을 두어 뿌리를 내리는 것 같았다. 언어가 통하지 않는 이국에서의 삶은 불편한 점이 한둘이 아니었다. 문화의 차이는 물론이고 말이 잘 통하지 않아 생기는 오해며 식생활도 절실한 문제였다. 담백한 음식을 선호하던 오빠가 기름 범벅인 끼니를 대하는 것이 얼마나 고역일지 상상이 되었다.

한 시인은 "나를 키운 건 8할의 바람"이라 했으나 나는 여덟 살 터울인 오빠의 영향을 많이 받고 자랐다. 어린 시절 아버지는 물이 아래로 흐름을 강조하여 나의 교육을 오빠에게 맡겼다. 내가 성적이 나빠도 버릇없는 짓을 해도 심지어 방학 과제가 밀려도 오빠에게 책임 씌웠다.

아홉 살 때였다. 학교를 마치고 집에 오자 오빠 방문 옆에 '마을 문고'라는 나무 팻말이 붙어 있었다. 궁금하여 문을 열자 방안 빼곡히 책이 꽂혀 있었다. 교과서 외에 그림 동화책 몇 권 만졌을 뿐인데 그 책이 전부 우리 것만 같았다. 마을 사람들이 무시로 집에 드나들어 책을 빌려갔다.

당시 농촌에는 청소년 육성사업으로 4H 활동이 실행되었다. 지(머리), 덕(마음), 노(손), 체(건강)란 슬로건으로 청년들의 애향심을 키우는 운동이었다. 영농인 자질을 배양하여 근대화에 이바지한다는 뜻에서 오빠의 의기심이 발동된 거였다.

오빠에게 〈상록수〉의 주인공 같은 꿈이 있었다. 기차를 타고 시내 고등학교에 다니던 오빠는 독서가 개혁의 힘이라고 믿었다. 등굣길에 버겁도록 책을 묶어나가면 돌아올 때 또 그만큼 안고 왔다. 마을 사람을 위해 시청에 들러 정기적으로 교환했던 것이다. 덕분에 나는 책을 마음대로 갖고 놀았다.

하루는 오빠가 손바닥만 한 라디오를 만들었다. 각목에 거미줄 모양으로 철사를 감아 뒤란 상수리나무에 걸자 작은 물건에서 요상한 소리가 나왔다. 아버지의 라디오는 외제라 어린 마음에 귀하다고 여겨 함부로 만지지 못했다. 아버지만 만지는 라디오에는 어른이 나왔는데 오빠가 만든 것에는 나만 한 꼬맹이가 들어 있었다. 더구나 여자아이가 꾀꼬리 같은 목소리로 까르르 웃고 노래까지 불렸다.

오빠가 열어준 문으로 맛보는 세상은 달콤했다. 애써 조립한 물건이 부서질까 염려하지도 않아도 되었다. 갖고 놀다가 부서지면 오빠가 다시 만들었다. 학교를 다녀오면 오빠 방이 내 놀이터였다. 거기서 도토리가 구르는 노랫소리를 들으며 가림 없이 책을 읽었다. 책과 라디오는 세상에서 제일 재미있는 친구였다. 세상은 온통 요지경이라 야금야금 낯선 세상을 입질하고 또 입질하면 엄마의 걱정이나 학교 숙제 따윈 까맣게 잊어도 괜찮았다.

한 시인은 씨앗을 보고 이 세상에 왔다 갔음을 잊지 않기 위해 찍어두는 점이라 했다. 민들레는 그 점을 남기기 위해 먼 곳까지 마다치 않고 날아간다. 보습거리는 밭둑이든 시멘트 담벼락이든 깨진 기왓장 틈새든 가리지 않고 앉는다. 말라버린 개울 섶이라도 괜찮다. 자신이 내려선 곳은 곧 제 영역이 된다.

오빠는 잘 영근 씨앗 같았다. 꽃을 피워야 한다는 본성으로 먼 타국까지 날아갔을 것이다. 추사 김정희는 8년 동안 제주도 유배생활을 하면서 걸작 〈세한도〉를 남겼고 다산 정약용도 유배지에서 ≪목민심서≫, ≪경세유표≫ 등의 명저를 집필했다. 모두가 척박한 환경에서 자신의 삶을 포기하지 않고 뿌리내린 결과물이다. 오빠 역시 미지微旨의 꿈을 펼치고 돌아오리라.

봄의 들녘은 초록 융단에 수를 놓은 듯 노란 꽃송이가 뿌려져 있다. 감사나 행복이란 꽃말에서 민들레의 여린 향내가 난다. 뿌리에서는 자신의 길을 가는 아집이 보인다. 바람에 의해 수술과 암술의 분을 합친 씨는 척박지에서도 수직의 힘으로 근성을 키운다. 여기저기 널린 민들레꽃에서 오빠가 보인다.

바람이 분다. 길고 곧은 꽃대가 흔들린다. 노란 웃음을 피우며 수천 개의 오빠가 꽃씨처럼 날린다. 태양을 닮은 꽃에서 영원불멸의 생명이 분수처럼 피어오른다.

마음 빼앗기다

문우들 간에 단합 행사로 모였다. 사람들은 파닥거리는 불빛을 입은 채 가락에 맞추어 몸을 흔든다. 그중 술잔 권하기에 신바람을 내는 사람이 있다.

누구도 그녀의 권주를 마다하지 못한다. 술잔을 받아 마시면 그 답례인 듯 한순간에 상대의 입술을 훔친다. 사건의 전모에 무덤덤한 그녀와 달리 사람들은 일색 숨이 넘어갈 듯 깔깔거린다. 그녀의 느닷없는 도발에 내 청춘 시절이 그려진다.

철없던 시절, 선배의 주선으로 찻값을 내고 미팅을 했다. 열 명의 청춘 남녀가 각자 자기 소개를 한 후 여자들이 남자들 소지품을 하나씩 집었다. 손톱깎이, 손수건, 빗, 시집, 미니 구둣주걱이 탁자 위에 올려졌다. 장난삼아 나갔기에 어떤 사람을 만나도 상관하지 않기로 마음먹었다. 관심 없는 척 소파에 등을 깊숙이 넣고 친구들이 차례로 물건을 집어갈 때까지 기다렸다. 당연히 마지막으로 남은 물건 하나가 내 차지일 수밖에 없었다.

손가락만 한 미니 구둣주걱이었는데 손안에 쏙 드는 것이 작고 귀여워서 주머니에 품고 있어도 괜찮을 듯했다. 물건과 주인을 대비시킬 필요까지는 없어 동갑이란 말만 내 귀에 남았던 그와 데이트를 했다.

남자는 쉽게 속마음을 내비치지 않았다. 나 또한 이상형과는 거리가 멀었으므로 편안함만 갖고 예사로 대했다. 잊을 만하면 만났지만 서로에 대해 더 알고 싶어 하지도 않았다.

서너 편의 서부 영화를 함께 보고서야 그가 나를 서점으로 밀어 넣었다. 소설책 한 권을 권했는데 내가 읽지 않은 것이었다. 추천 이유를 근사하게 내세우는 그를 보며 다방면으로 관심이 많은 남자라 여겼다.

연애답지 않은 연애 기간이 이어졌다. 한 해를 거뜬히 지낼 동안 같은 지역에서 공부하던 그가 학문을 더 하기 위해 서울로 떠나겠다고 했다. 이제 나의 주말을 빌려 달라며 치근거릴 사람이 없다는 것에 시원할 것 같았는데 한편으로 섭섭함이 밀려왔다.

혼자 속으로 이별식을 준비했다. 한 달에 한 번씩 만나자는 그의 제안과 달리 우리 관계가 이어져서는 안 된다는 생각이 커졌다. 그가 근사해질수록 내가 초라해질 것 같아 미리 겁이 났다. 이별도 덤덤하게 해야 할 것이라 공원에 밤 산책하러 갔다.

앞바다의 야경은 외국 엽서에서나 볼 수 있는 비경이었다. 바다를 동그마니 둘러싼 산동네에 별들이 내려앉아 초롱거렸다. 검은 밤바다에 정박한 배는 황홀한 빛을 낚싯대처럼 물속으로 길게 드리우고 있었다. 밤 풍경에 취한 탓일까. 굳이 달동네라는 말을 하지 않아도 괜찮았다. 나는 마주 보이는 섬의 산꼭대기에 우리 집이 있어 기어 나오고 기어 들어간다고 했다.

다닥다닥 붙어 있는 루핑지붕마저 감추어진 밤빛 속에 남자의 눈빛이 젖었다. 내 어깨에 시리고 두꺼운 가난이 얹힌 것처럼 보였을까. 찰나의 순간, 남자가 내 입술을 훔쳤다. 달갑잖은 행동에 화를 내야 옳았을 텐데도 잠시 그를 밀어내는 시늉만으로 그쳤다.

입술만 뺏긴 것이 아니라 마음마저 빼앗긴 것이 분명했다. 틈틈이 그가 떠올랐다. 심장박동수가 빨라지고 세상이 달리 보였다. 그가 곁에 없다는 것만 생각해도 황량한 가슴에 갈바람이 지나갔다.

입술은 몸의 입구로 교환과 소통이 이루어지는 지점이다. 입을 보호하기 위해 보드라운 문을 씌워 놓았는데도 모든 촉각이 그곳에서 출발한다. 남녀 간에 함부로 입맞춤을 하면 안 된다는 것은 잘못하여 마음까지 스러질까 봐 하는 염려 때문일 거다.

그는 나의 입술만 훔친 것이 아니라 마음도 홀리고 갔음을 알아챘던 것 같다. 우리의 이야기를 지난 시간 속에 스쳐 가는 그림으로 놓아두질 못했다. 그후 야간 비둘기호에 몸을 실어 서울에서 부산으로 수도 없이 오르내렸다. 결국 친구들이 제대할 시기에 입대를 하였으나 기약된 이별 기간도 못 채우고 우리는 결혼을 했다.

오늘도 돌림노래 같은 그녀의 입술 훔치기 놀이가 이어진다. 술잔을 들고 불쑥불쑥 사람을 안는다. 도망 다녀봐야 입도장을 찍히고 만다. 얼토당토않게 입술을 뺏겼지만 다들 행복한 표정이다. 노련한 솜씨가 오랜 세월 무지기로 남의 마음을 녹였던 것 같다. 고약한 술버릇이라고 싫어하지 않는 것으로 보아 입술과 함께 그녀에게 마음조차 뺏긴 것이 분명하다.

순식간에 내 입술도 빼앗겼다. 당돌하다고 하기 전에 웃음부터 나온다. 느닷없는 입술 훔치기가 그녀의 매력일 줄이야. 닫혀있던 마음이 풀어지듯 차츰 그녀가 좋아질 것만 같다. 흩날리는 조명 아래에서 사람들은 리듬을 타고 그녀는 여전히 입술을 훔치는 중이다.

5부

천녀는 통화 중!

바람의 독서법

바람은 삼라만상의 책을 모두 섭렵했을 터이지만 하루도 여념이 없다. 낮과 밤을 따로 두지 않고 시간조차 개의치 않는다. 있어도 없는 듯이 시를 읊조리다가 며칠을 술렁대며 대하소설 같은 장서나 동서양 고전을 탐독한다.

책 한 권이 평생을 좌우하고 수백 페이지 중에 한 구절이 삶의 좌우명이 되기도 한다. 때로는 낱말 하나가 등불이 되어 내면을 채찍질할 수도 있다. 두보는 '남아수독오거서'라 하여 다섯 수레의 책을 읽어야 한다고 했다. 정작 독서량이 중요한 것은 아닐 것이다. 읽어 스스로 그 앎을 깨쳐야 한다는 말이지 싶다.

내 책장에 책이 쌓인다. 출판한 책을 보내주는 사람이 있고 어디서 주기적으로 보내오기도 한다. 하지만 다 읽지 않으면서 사들이기까지 거듭한다. 처음에는 한 권씩 채워질 때마다 흡족함이 비례하더니 점점 양심의 무게감이 더해진다. 켜켜이 쌓아두다가 한 번씩 정리할 때면 죄를 짓는 것 같다.

바람은 계절을 아우르는 독서를 한다. 물오름달이나 잎새달이면 연초록 새순을 헤집고 잠자는 것을 깨운다. 열매달이나 하늘열린달에는 새로운 인물을 찾아 이야기를 엮기도 한다. 병아리 사서가 등장하기 전부터 독서를 시작하는데 처음에는 눈곱을 막 뗀 겨울눈의 새순을 읽다가 나중에는 슬픔의 덩어리까지 떨어뜨린 목련의 빈 가지도 읽는다. 살가운 햇살을 양지에 내려두고 자신이 읽은 이야기를 들려줄 때도 있다. 그럴 때는 나비도 바람의 재담에 넋이 나가 꽃잎 속에 자리를 잡는다.

세종대왕은 백독백습을 실천했다. 한 가지 책을 백 번 읽고 백 번 쓰면 자연스레 책의 뜻을 알 수 있게 된다고 했다. 봄의 바람은 소심하여 책장을 와락 넘기지는 않는다. 나무 곁에서 침을 묻혀가며 한 장 한 장 조심스레 갈피를 넘긴다. 호수에 내려 쉬던 햇살이 제 몸을 잘게 부수어 한 편의 글을 쓰면 바람은 윤슬로 다가가 읽고 또 읽어 백독백습을 한다.

여름의 바람은 처칠의 생산적 독서법을 실천한다. 숲의 품을 헤치다가 어려운 단어를 찾으면 자기 것으로 소화하려 책장을 다시 넘긴다. 좋은 문장은 외우느라 숲에서 벗어나지 못하며 기억하고 싶은 부분을 요약하느라 푸른색을 덧칠하기도 한다.

바람은 다양한 시선으로 분석하고 토론하기도 좋아한다. 그럴 때면 제 목소리를 내느라 시끄럽다. 간드러지게 이해시키려 애쓰다가 목청을 돋울 때도 있다. 비를 동반하여 댓잎에 앉으면 마치 죽비소리 같아 선방에 든 듯 정신이 번쩍한다. 또 옛 문장을 통해 세상 이치와 근본을 깨우치려 한다. 좋은 문장을 암송하기도 좋아하여 별밤 구름 좇으며 쉬지도 않고 읊조린다.

이황의 독서법을 권해주는 건 가을바람이다. 마음 다하여 생각을 가리느라 주자전서를 읽는다. 작은 웅덩이에 앉아서는 정독을 실천하는지도 모를 일이다. 한 자 한 자 그 의미를 되짚고 뜻조차 새기느라 쉬이 책장을 넘기지 않는다.

겨울의 바람은 케네디처럼 비판적 독서를 한다. 읽고 그대로 받아들이는 것이 아니라 다양한 시각에서 의문점을 던진다. 칼바람을 내며 정신없이 가지를 휘두를 때면 그의 주장에 무엇도 맞서지 못한다.

주희의 사서 독서법에는 먼저 ≪대학≫을 읽으라고 했다. 이치의 깊이를 연구함이 마음을 정립하는 것으로 우선이었다. 다음에 ≪논어≫를 읽어 근본을 확립하고 ≪맹자≫를 읽어 논리를 파악하라 했다. 그런 뒤 ≪중용≫을 읽어 사유의 세계를 추구하길 바랐다.

마지막에 ≪시경≫을 읽어 성정의 그릇됨과 선악을 가려 표창하고 경계함을 일렀다.

성인들의 독서법을 바람은 다 아는 듯하다. 문벌 높은 사람이 사흘 동안 책을 읽지 않으면 스스로 깨달았던 말이 무의미해지고 거울에 비친 얼굴 모양이 미워진다고 한다. 바람처럼 독서를 한다면 자기를 알고 세상 이치를 깨닫게 될 일이다.

책장에 쌓아둔 책은 어쩌고 오늘도 새 책 몇 권을 들인다. 아무래도 지적 굶주림인가 보다. 나는 어떤 바람으로 사는 것일까. 바람을 스승으로 둔다면 저 책장에 책이 진정 내 것이 될 것이거늘.

목계

구로행 지하철 안이다. 발을 옮길 틈도 없는 곳에서 후끈하게 달아오른 사람이 있다. 싸우는 두 노인을 둘러싸고 서 있는 사람들은 휴대전화기 화면에 눈을 두거나 이어폰을 꽂은 채 밀랍인형처럼 정지되었다.

검은 모자 쓴 노인이 갑자기 열 받는다며 소리를 질러댄다. 작은 키에 모자 아래로 삐져나온 귀밑머리가 하얗다. 치켜든 눈꼬리는 옹춘마니 같다.

어이없다는 표정으로 마주 선 사람도 노인이다. 몇 올의 눈썹이 뻣뻣이 뻗쳤다. 흰 목도리로 목을 감싼 노인은 노기를 감추려는지 이어폰을 귀에 꽂은 채 말이 없다.

검은 모자 노인이 왜 밀치느냐고 화를 낸다. 듣자니 복잡한 지하철에서 상대에게 밀쳐진 모양이다. 눈은 부릅뜬 채 숨을 내쉴 때마다 뺨이 부풀었다가 가라앉는다. 흰 목도리 노인의 얼굴색이 변함없는데 검은 모자 노인은 노랗다. 감정을 다스려야 상대를 압도할 수 있다. 소리에 반응하지 않으면 행동이 들뜨지 않아 자신의 허점도 노출되지 않는다. 두 노인의 얼굴색을 비교해 보니 어느 노인이 이길지 흥미로워진다.

흰 목도리 노인이 숫제 상대하지 않겠다는 태세다. 몸의 방향을 반대로 돌린다. 손뼉도 마주쳐야 소리가 나는 법, 싸움 걸어봐야 통하지 않을 것이 뻔하다. 싸움이 금방 끝날 것 같지 않아 불안했는데 불이 꺼지는 것 같다.

검은 모자 노인의 얼굴색이 노랗다가 못해 하얘진다. 얼굴로 통하는 모든 혈관이 잠긴 듯하다. 분을 삭이지 못해 덜 잠근 수도꼭지처럼 입에서 욕설이 샌다. 격투전이라도 원하는지 험한 말로 거듭 궁시렁거린다. 흰 목도리 노인은 귀문까지 닫았는지 들은 척도 않는다. 이쯤 되면 원인을 몰라도 승자가 판가름된다.

주나라 목계 이야기는 널리 알려졌다. 기성자가 선왕의 주문에 따라 싸움닭을 조련했다. 처음 열흘 동안 훈련한 닭은 눈에 살기가 가득 찼으며 교만하여 싸울 상대만 찾았다. 다른 닭의 울음소리만 들어도 싸울 낌새를 알아챘으며, 볏을 곧추세워 조급증을 보였다.

싸움닭을 데려오라는 왕의 부름에 기성자는 강하지만 아직은 싸울 수 없다고 했다. 상대의 위협에 민감하여 싸움에서 질 것이 뻔했기 때문이다. 다시 열흘이 지나자 싸움닭은 드디어 목계가 되었다. 상황에 무덤덤하면서도 상대의 호흡을 느꼈다. 쳐다보는 눈매가 부드러웠으며 볏에 윤기조차 흘렀다. 그러자 상대는 대결 한 번 못하고 꼬리를 내린 채 물러섰다.

남편과 친구로 지내다 연을 맺어서인지 젊은 시절에는 의견 충돌이 잦았다. 그럴 때 남편은 내가 하는 말을 잔소리로 여겼다. 푸념이라도 하려고 들면 잘잘못을 따지는 것 같았는지 말을 끝까지 듣지 않고 목소리를 키웠다. 남편이 나의 입막음부터 하는 것을 상책으로 여겨 저절로 기가 죽었다. 하지만 남편의 화가 수그러진다 싶으면 나는 또 조잘댔다.

할 말을 다해야만 이기는 것이 아니었다. 나의 잔소리에 무덤덤해진 남편은 어느 때부터 목소리로 기선 제압을 하지 않았다. 내가 속에 것을 드러내느라 말이 길어질 때면 눈이 왕방울만 해졌다. 눈에 힘만 주고 쳐다보았다. 그럴 때마다 내 말끝이 저절로 흐려졌다. 점차 보기만 해도 나의 전략을 알아채는 눈치였다. 그러기에 전세가 남편 쪽으로 기울게 되어 꼬리가 내려졌다.

쌍욕도 별수가 없나 보다. 검은 모자 노인이 지하철에서 내린다. 그제야 사람들도 마법에서 풀린 듯 웅성거리며 몸을 움직인다. 무리 속으로 사라지는 검은 모자 노인은 얼핏 봐도 길들지 못한 수탉의 야성이 보인다. 눈매가 매서워 누가 세게 한 대 후려쳐도 겁낼 것 같지 않다.

흰 목도리의 노인은 그 자리에 끄떡없이 서 있다. 빈자리가 생겼으나 그대로 선 채 평정을 찾는 눈치다. 귀에 꽂힌 이어폰으로 어떤 소리를 듣고 있을까. 묵계 지덕 강론을 듣는 건 아닌지.

행자는 달마를 왜 버렸을까

산 초입 풀방석에 달마가 앉아 있다. 귓불을 어깨에 걸치고 불룩한 배를 내밀어 반가부좌를 했다. 파안대소하느라 두 눈은 초승달이 되었고 드러난 윗니가 옥수수처럼 가지런하다.

호젓한 길에 가로등마저 흐릿하다. 무성한 풀이 쓰레기까지 감춘다. 달마는 왜 이곳에 있는 것일까. 누군가 한때 소중히 여겼을 것이 분명하여 소행을 저지른 사람의 마음이 궁금하다. 사람이든 물건이든 인연이 있어야 가까이 두게 된다. 버려진 달마를 보자 예전과 비할 바 없게 된 어머님의 신세가 그려진다.

내가 결혼한 이듬해에 새어머님이 오셨다. 아버님이 일찍이 혼자가 되셔서 지인이 소개를 했다. 어머님은 지인이 미더웠던지 주저

없이 안주인 자리에 앉았다. 성질이나 행동이 잘고 꼼꼼해 보이지는 않았으나 아귀차지 않을 것도 같았다. 예절이나 격식마저 구성없어 철없는 내 눈에도 얌생이 짓은 안할 거라 여겼다. 하지만 달콤한 권세를 누리려 작정했는지 더러 애먼소리를 하여 나를 놀라게 했다.

어머님의 '입질'에 속이 긁혔다. 당시 나는 살림이 서툰데다가 다른 지역에 살아 어린 시동생들을 살갑게 보살필 수 없었다. 더구나 직장에 다니고 있어 시간적으로도 부대꼈다. 그러기에 아버님을 보살펴 주는 어머님의 몫은 인정해야 했다. 어머님의 불편한 심기를 달래려고 하는 나의 물질공세는 언제나 당연한 것이었다. 오히려 드러나지 않을 치사는 감춰지기보다 사라지기가 다반사였다. 서운한 마음이 짙어질수록 시댁을 갈 때면 내 손이 가벼워졌다.

아버님이 돌아가시자 어머님은 인근에 살던 작은아들과 살림을 합쳤다. 얼마 지나지 않아 어머님과 동서가 번갈아가며 내 귀를 괴롭혔다. 어머님의 심사가 전보다 많이 누그러진 것 같은데 동서는 자신을 쥐 잡듯 한다고 했다. 처음에는 만만한 며느리에 대한 시어머니 행세라 여겼다. 고부간 갈등이 봇물처럼 터지자 기세 좋던 어머님은 혼자 지내게 되었다.

어머님은 얼마간 외로움을 모르고 사는 것 같았다. 당신의 생신때에도 자식들 모임을 대놓고 마다했다. 갈 때마다 밥솥은 비어 있고 가스레인지에 얹힌 냄비의 물때마저 말라 있었다. 검은 비닐봉지에 돈을 담아 종일 놀이터에 앉았더라는 이웃 말을 들어도 쓸쓸함을 견디는 어머님만의 방식이라 여겼다. 그런 어머니가 집을 잊어버린 사건이 있고서야 치매임을 알게 되었다.

사람은 늙으면 왜 기억장치가 낡아지고 저장된 메모리마저 지워지는 걸까. 세월에 져버린 어머님이 백치가 되었다. 본인 이름도 가끔씩 기억할 뿐 나이도 고향도 까맣게 잊었다. 제 속으로 낳지 않은 자식 이름이야 그렇다 치더라도 살 비비며 살았던 영감 성씨마저 지워버렸다. 어디서 왔는지 어디로 가는지 관심도 없다. 어떤 물음에도 모른다고 답했다. 같은 말을 반복할 때면 늘어진 테이프를 물고 돌아가는 녹음기 같았다.

기억이란 과거와 현재를 잇는 통로일 텐데 어머님은 왜 머릿속의 길을 쓸모없는 끄나풀처럼 몽땅몽땅 잘라버렸을까. 당신의 과거를 다 알아내면 안 되기라도 하는 것인 양 가족이라는 울타리 안에 어떤 것도 남겨 놓고 싶지 않은 사람 같았다. 피 한 방울 안 섞인 자식들만 그런 어머니에게 십시일반 시간과 마음을 번갈아 바쳤다.

인간의 행복은 객관적인 삶의 조건일 수밖에 없다. 누구나 살아가기 위하여 볼 수도 만질 수도 없는 행복을 추구한다. 어머님도 우리 가문에 들어 새 삶을 선택할 때 행복이 최종 목표였지 싶다. 철부지 자식과 퇴색된 젊음, 거기다가 수년간 짊어진 빚이 전부이던 아버님이었다. 하지만 그 삶에 노을빛으로 함께 사위어가는 것을 다짐했을지도 알 수 없는 일이다. 배 아파 낳지 않은 자식도 가슴으로 거두면 생의 마지막까지 버팀목이 되리라는 희망사항 때문인지도.

인간은 푸른 잎사귀 같은 청춘을 보내다가 늙어간다. 그렇다면 싯타르타의 말처럼 크고 작은 병마에 시달리다 죽음을 맞는 걸 당연한 귀결로 볼 수 있다. 부처는 자신을 따르면 소원성취하게 될 거라 말하지 않았다. 다만, 중생이 스스로 깨달음을 얻어 고통의 근원인 욕망과 집착에서 벗어나길 강조했다. 그런데도 인간은 멀리 있는 것만 가지게 해 달라 빌고 또 빈다. 마음이란 원래 없어 채워질 수도 없는 것 아닌가. 무욕이 지혜라면 치매는 기억을 잊은 게 아니라 내려둔 것이 맞다. 그러기에 어머님은 완전한 행복을 누리는 건지도 모르겠다.

무시로 진전되는 질환이 치매이다. 어머님 뇌는 곰팡이처럼 포자를 번식시켰다. 삼시 세끼를 꿰지 못한 몸에는 물기부터 말랐다. 그러던 중에 젖은 이부자리를 첩첩이 깔고 있다가 작은아들 손에 이끌려 요양병원에 보내졌다. 말이 병원이지 고립된 섬 아닌가. 들어가면 나오기 어려운 무인도 같아 병원에 모시는 건 환자를 생각한 처사보다 허울 좋은 핑계가 될 수도 있다.

나도 어머님을 집에 모실 용기가 없다. 경제적인 이유보다 어머님이 종일 갇혀 있어야 하여 감옥일 것 같아서다. 잠시 나갔다가도 암호를 눌러야만 현관이며 동 출입구의 문이 열린다. 치매를 앓는 어머님이 그때마다 곤혹을 치른다고 생각하면 내가 더 못 견딜 것 같다.

행복이란 기쁨의 빈도라고 했다. 달마대사는 화목과 평안을 가져다주는 선사이다. 잠 쫓느라 눈꺼풀까지 베어내며 면벽수행을 했다지 않은가. 누가 달마를 모셔 왔을 당시에는 어지간히 행복을 주문했을 것이다. 금박이 벗겨진 전신으로 보아 행복의 근원을 알고부터 그의 존재가 잊히게 된 건 아닐까. 한때는 귀한 대접을 받았을 텐데 저리 내동댕이쳐질 줄 달마인들 알았겠는가. 비정한 행자가 스스로 뉘우치길 기다리느라 달마는 웃고 또 웃는다.

불시착

저녁 행사로 경주에 갔을 때이다. 밤길을 걷다가 무연히 하늘을 보았다. 푸르스름한 화폭 위에 별똥별 하나가 빗금을 내리그었다. 기다란 꼬리를 가진 빛의 물체는 눈 깜짝할 사이 산 너머로 사라졌다. 차가운 우주를 떠돌던 유성이 지구의 품에 날아든 거였다.

예시였을까. 며칠 뒤 비둘기가 집 난간에 날아들었다. 내쫓고 싶은 마음이었으나 도시를 떠돌다 보면 배가 고플 거라 여겨 좁쌀 한 줌씩 내놓았다. 먹고 날아갔다가 다시 온 걸로 보아 요사하게도 나와 더불어 살기로 작심한 듯했다. 전생에 내가 비둘기에게 신세라도 졌던 걸까.

태풍이 예고된 날이었다. 에어컨 실외기 뒤쪽으로 어설프게 나뭇

가지가 흩어져 있고 그 사이에 연한 잿빛 알이 놓여 있었다. 비둘기 알인지라 그 처사가 못마땅했다. 어미는 집을 구하러 갔을까. 아니면 내가 업둥이로 거둬줄 거라 믿고 떠난 것인가. 알만 덩그러니 남았는데 바람이 창틀까지 흔들어 곧 비가 들이칠 것 같았다. 어쩔 수 없이 창을 한 뼘 열어둔 채 안으로 알을 들였다.

잠시 뒤, 비둘기 한 쌍이 돌아왔다. 알을 찾는 듯 날갯짓이 분답했다. 알이 보이지 않아서인지 유리창에 몸을 부딪치며 푸드덕거렸다. 주파수를 높인 어미의 안테나가 자식 위치를 포착한 걸까, 암컷이 창틈으로 냉큼 날아들었다. 나뭇가지 몇 개 걸쳐 둔 대야에 들어앉아 몸은 웅그린 채 깃털로 알을 감추었다. 눈과 귀는 닫았는지 으름장 놓던 바람과 함께 작달비가 두어 번 다녀가도 옴짝달싹하지 않았다. 오히려 집에까지 들였으니 내쫓기나 하겠냐는 듯 고개 묻고 잠을 청했다.

부화하여 날아가고 얼마 지나지 않았다. 집안에 냄새가 다 가시지도 않았는데 또 알이 발견되었다. 이번에는 아예 베란다 안을 점령했다. 내 집에 든 생명이라 내칠 수 없으나 한편으로는 마뜩잖았다. 알이 깨어나지 못할까봐 암컷은 기척을 느끼면서도 꼼짝 않았다. 새끼가 세상에 나온 것은 어찌 알렸을까. 그새 수컷이 친구들까지 데려와 마당에 주차된 자동차는 물론이고 건물 외벽까지 배설물을 뿌렸다. 반상회에서 주민들이 대책을 논의했다. 이쯤에서 나도 마음을 다져야 했다.

비둘기 부부의 행동이 바빠지자 어린 새끼는 바람 맛을 보느라 하루가 다르게 파닥거렸다. 머잖아 바깥세상으로 날갯짓할 요량이었다. 어미 비둘기가 먹이 구하러 간 사이 둥지를 창밖으로 들어냈다. 지독한 복더위에 비둘기를 내쫓고서 혹시나 하여 귀가 자꾸 마중 나갔다. 그간의 정리情理를 알았을까. 비둘기는 함께 살았던 증표인 양 깃털을 하나 두고 떠났다. 깃털은 어느새 날아올라 나를 어린 시절 문간방에 내려놓았다.

갈바람이 문풍지 사이로 스며들 때였다. 밤늦게 차림새가 남루한 가족이 찾아와 며칠만 묵자고 청했다. 남자는 허름한 양복 차림에 제비처럼 날렵해 보였으나 여자는 몸매가 퉁퉁 불어 어딘가 미련해 보였다. 더군다나 머리카락이 부스스하여 물을 본 지 오래인 듯했다. 고만고만한 어린 새끼도 셋이나 거닐었다.

어머니는 성씨가 같다는 말에 그들을 내치지 못했다. 하지만 며칠이라던 말이 아랫목 엿가락처럼 늘어났다. 어쩔 수 없이 어머니는 티를 내지 않게 거두느라 일부러 허드렛일을 맡긴 다음 밥 먹이는 날이 많아졌다.

일 년 남짓 지나자 그들은 마구간으로 사용하던 부엌이 불편하다며 바깥에다가 아궁이를 만들고 처마까지 내달았다. 남자는 근간에 벌인 일만 잘되면 동네에 많은 도움이 될 거라며 방을 비워줄 생각은 아예 없는 듯했다.

문간방 부부가 밤손님이란 소문이 돌았다. 남의 노적가리에 손댄 사실이 있었으나 아무도 추궁하지 않았다. 하지만 동네에서 돈 되는 게 하나둘 사라진다는 말이 꼬리를 물자 그들 처지를 이해하던 사람들도 돌아섰다. 인지상정이 앞선다지만 몹쓸 행동까지 못 본 체할 수는 없었던가 보다. 어머니는 근심이 덩이로 불어나자 바깥에 사는 삼촌을 핑계로 이사를 채근했다.

찬 서리가 내릴 때쯤 그들이 야반도주했다. 보자기에 싸둔 짐 뭉치 몇이 없어졌건만 방이 휑했다. 미우나 고우나 얼굴 맞대다 보면 정이 드는가. 어머니는 인사 없이 떠난 문간방 식구에게 몹쓸 소리했다며 오래도록 가슴을 쓸었다.

땟물 전 헝겊 인형 하나가 냉기 그득한 방구석에 남겨져 있었다. 일곱 살 딸아이가 겨드랑이에 끼고 놀던 작은 토끼 인형이었다. 든 자리보다 난 자리가 큰지 토끼 귀를 입에 넣고 잘근거리던 아이 모습이 떠올랐다. 나는 그애의 손인 듯 슬그머니 인형을 끌어당겼다.

비둘기나 문간방 식구는 밖으로 내몰리다가 우리 집으로 찾아들었다. 비둘기는 내 배려로 두 번이나 알을 낳았고 문간방 식구는 어머니의 마음 씀씀이가 푸근해서 오래 머무르지 않았을까. 그들은 남에게 피해주기 위해 태어나진 않았을 거다. 따지고 보면 비둘기 생태를 교란시키는 줄 알면서 먹이 주는 건 인간이다. 문간방 식구도 인간생태계의 경쟁에서 밀려 마음 다쳤을 수도 있다. 삶의 문풍지에 시린 바람이 들이칠수록 어머니는 아래를 바라보았기에 그들을 도우려 품을 데웠던 것이다.

둥근 세상이다. 우주의 이치가 둥글다는 것은 제 꼬리를 물고 있는 우로보로스의 원처럼 영원성을 상징한다. 둥근 세상에서는 선을 행하면 선으로 돌아오고 해를 주면 해로 답하게 된다. 시작도 끝도 없는 행성에서 내가 행한 만큼 오게 됨을 일기하며 그들과의 추억을 정리한다. 남긴 것이 없으면 이내 잊었겠지만 내 책상에는 비둘기 증표가 꽂혀있다. 깃털을 바라보며 인연에 대하여 생각해 본다.

불가에서는 하룻밤 동침은 육천 겁이요, 부부의 인연은 칠천 겁이라고 한다. 나 또한 지구라는 행성에 불시착해 더부살이하다가 떠나는 인생인 것을. 그렇다면 까마득한 훗날에 어느 별에서라도 다시 만나지 않을까. 그때 그들은 데워진 아랫목을 내게 내어줄지도 모를 일이다.

천녀는 통화 중!

숲길은 하늘까지 열렸다. 나무들이 안테나처럼 우듬지를 뻗쳐 초록 기운을 뿜는다. 산길을 오르는데 새들 합창까지 들으니 극락으로 가는 오솔길이 이런가 싶다.

세상에 눈 어두운 자가 왔다고 길을 안내하는가 보다. 중암 입구에 빨간 접시꽃과 은낭화 한 그루가 호젓이 초롱을 내걸었다. 검은 나비 한 무리도 객을 반기는 듯 날개를 팔랑인다.

중암은 직지사의 말사이다. '화장암'으로 불리다가 관웅스님이 중건한 후'중암'이라 한다. 용의 형상이라는 황학산이 한반도 남쪽 중앙에 위치하고 그곳의 한가운데 이 암자가 세워졌다니 참으로 적합한 이름 같다.

직지사의 여러 문을 통과한 후 비탈길을 따라 올라야 한다. 작은 암자라 생각했는데 정갈하게 앉아 있는 한옥의 뜰이 제법 널찍하다. 관웅 스님이 머물던 중암실을 둘러본다. 만리무운만리천萬里無雲萬里天, 하늘에 구름 한 점 없으면 만 리가 다 맑은 하늘이란다. 마음도 닦고 또 닦으면 세상을 맑게 멀리 내다볼 수 있으리라.

영산보전에 든다. 초하루와 보름에만 문을 연다는 걸 모르고 찾아왔지만 뭔가 통했나 보다. 보름날 법회가 있어 문이 열려 있다. 앞뒤를 가늠하지 못한 방문에 이런 행운을 얻었기에 절부터 넙죽 올린다. 그러고는 숨은 그림을 요리조리 눈여겨보며 천녀를 찾는다. 까막눈이 안쓰러웠던 것일까. 붉은 모란꽃을 든 제석천 옆에 천녀가 단아하게 서 있다. 천녀는 휴대전화기를 들었다. 폴더를 열고 검지와 중지는 세워 있어 버튼을 누르는 게 분명하다. 나보고 잘 왔다며 내 죄를 누구에게 일러바치려는 것 같다.

어린 시절, 식구 몰래 왕겨 자루를 이고 강 건너 사과밭에 간 적이 있었다. 아버지가 실험 작물을 연구하던 중이라 왕겨를 중히 여겼으나 사과를 먹고 싶은 마음이 앞서 그런 걸 생각하지 못했다. 왕겨와 사과를 바꾸고서야 아버지 손에 한 줌도 안 될 내 등이 걱정되었다. 사과는 잘못을 들켰을 때 내 얼굴만큼 잘 익었으나 단맛을 느낄 수가 없었다. 한 입 베물고 강으로 풍덩, 한 입 베물고 수풀 사이 휙! 집에 오자 어머니가 다짜고짜 부지깽이를 들고 뛰어나왔다. 나는 이슬 먹은 논에 메뚜기처럼 온 마당을 폴딱거렸다. 하지만 오리발 내민 게 성공했는지 어머니가 두 손을 먼저 들었는지 아버지 앞에 불려가는 일은 없었다.

언젠가는 친구 힘을 빌려 앞집 욕쟁이 할머니에게 골탕먹인 적도 있다. 큰길로 나가려면 집 모퉁이 할머니네 밭을 돌아가야 했다. 그게 왜 그리 싫었던지 몇 번 혼이 나고도 자꾸만 그곳을 가로질러 다녔다. 작물은 못된 내 품성에 맞서듯 꼿꼿이 일어섰다가는 이내 반질반질하게 눕혀 가르마를 냈다. 겨울 보리밭이야 일부러 밟는다지만 콩밭까지 대수롭잖게 지나다녔다. 할머니는 나를 나무라도 공염불이라 생각했는지 어머니에게 욕을 해댔다. 어린 마음에 나를 대신하여 어머니가 욕을 듣는 게 분했다. 뒷날 할머니 집 대문 앞에 머리통만 한 돌 서너 개를 쌓아 두었다. 아마 욕쟁이 할머니는 대문 나서다가 한 나절 내도록 욕을 해댔을 것이다. 하지만 어머니 추궁이 따르지 않았던 사실로 보아 누구도 내 소행을 짐작하지 못한 거라 여겼다.

돌아보면 잘한 일도 있지만 잘못한 일이 더 많아 마음이 뜨끔하다. 어쩌면 천녀가 나의 죄를 낱낱이 꿰어 고자질하는지도 모른다. 알게 모르게 지은 죄일 터이나 도둑이 제 발 저리듯 이를 사해달라고 절을 몇 번 더해 본다. 만물에 불성이 있어 본심에 귀의하지 않는 게 없다. 그런 나를 굽어 살피는 듯 오늘따라 부처님의 미소가 더 자비로워 보인다. 못함이 다 내 탓이거늘. 살다가 숨 막힐 듯 가슴이 답답하면 또 이곳에 와서 천녀를 찾을 것 같다.

이젠 부처님도 천녀도 문명에 발맞추는 시대이다. 도진 스님이 휴대전화기를 탱화에 그려놓았기에 내가 이곳을 떠나도 천녀는 통화하느라 바쁠 것이다. 부처님께 세상만사 보고한 다음에 지혜를 구하고 또 나같이 어리석은 중생이 오면 염라대왕께 일러주기도 하지 싶다. 어쩌면 거짓된 사람에게 바르게 살라고 슬쩍 겁도 주다가 참된 사람에게는 복덕도 내릴 것이다. 부처님 비서실 전화번호는 특급비밀일 테니 천녀에게 그곳의 전화번호나 가르쳐달라고 떼라도 써볼까.

탱화는 포교를 위한 수단인데 왜 휴대전화기를 그려 넣었을까. 가르침이 근엄해야 한다는 편견을 버리고 대중과 함께 호흡하기 위해서라면 그 시도가 참으로 신선하다. 이제 부처님과 핫라인이 개통되어 그때그때 깨달음의 말씀을 얻을 수 있으면 좋겠다. 실시간 소통으로 중생의 번뇌와 아픔을 알아서일까. 탱화가 물질문명에 지친 현대인을 끌어안는 것 같다. 다음에는 또 어떤 물질이 탱화에 그려질지 벌써 궁금해진다.

어디로 전화를 하는 할까. 나무들이 최대한 주파수를 맞추는지 명주바람에 이파리가 팔랑인다. 사람들도 제각기 손전화기를 귀에 대고 누군가와 이야기를 나눈다. 세상은 온통 통화 중이다.

좁은 문

길섶 기왓장에 손가락이 그려져 있다. 무엇을 보여주려는지 알 수 없는 길, 손끝 따라 좁고 가파른 돌계단을 오른다. 한 발 한 발 오를수록 몸은 무거워지는데 마음이 명지바람에 실려 앞선다.

얼마쯤 올랐을까. 암자 입구에 거대한 바위가 버티고 섰다. 천왕문이라 한다. 여느 사찰처럼 장쾌한 칼을 들고 두 눈 부릅뜬 사천왕은 어디에도 없다. 절집에 들어설 때 문에서부터 주눅이 들기도 하는데 바위가 '人'자로 넓적한 이마를 맞대고 있다. 세속에 지쳐 찾아오는 사람은 누구든지 이 문을 편안히 지나라는 뜻인가 싶다.

은해사 암자 가운데 가장 높은 곳에 있는 중암암이다. 곳곳에 요새의 석문 같은 자연석이 있어 일명 '돌구멍절'이라 불린다. 신라시

대 원효대사가 토굴을 짓고 정진하던 자리에 심지왕사가 창건했다. 가파른 산세와 험한 지형이 더없는 수행처였음을 말해준다. 다른 절과 다르게 죽은 사람의 제사를 지내지 않는 청정도량이기도 하다.

안으로 들어서자 소박한 요사채와 아담한 법당이 세상을 내려다본다. 요사채는 돌아앉아 지붕만 보이는데 깎아지른 바위에 제비집처럼 붙어 있는 법당은 감출 것 없다는 듯 속을 훤히 드러낸다. 몸을 돌리자 멀리 산 너울이 펼쳐진다. 어느 새 풍광을 한 아름 끌어안은 몸이 가분하다.

다른 돌문을 지나자 해우소가 나온다. 정월 초하루에 볼일을 보면 그믐날에야 떨어지는 소리를 들을 수 있다는 설화가 있다. 잡다한 것은 쌓일수록 근심이기에 때맞춰 비우면 가볍겠지만 뭐가 그리 아까운지 하나 버리기도 힘들다. 나 또한 여기서 묵은 욕심 한 덩이 시원하게 비우고 싶으나 격자문이 닫혀 있어 문틈으로 들여다보기만 한다. 신라 시대부터 천 년이 넘도록 한 번도 퍼낸 적 없다니 그 무량한 깊이를 아둔한 중생이 감히 가늠할 수 있을까.

천왕문을 나와 오른쪽 산으로 향한다. 삼층 석탑 뒤로 집채만 한 바위가 버티고 섰다. 김유신 장군이 무예를 수련하고 원효 스님이 화엄론을 완성했다는 극락굴이다. 깎아지른 바위 위에 거대한 바위가 가로 얹혀 한낮인데도 어둑한 음영을 머금었다. 여기서 수행한 선인들은 바위 틈에 스며드는 한 줄기 빛으로 마른 목을 축이며 긴 시간 참아냈으리라. 그 정신을 조금이라도 실감할까 싶어 바위를 손바닥으로 쓸어보고 반가부좌로 바닥에 앉아도 본다.

가루듯 서 있는 바위 끝에 비좁은 틈이 보인다. 선계로 가는 문인가 보다. 이 문은 굶었다고 통과되는 것이 아니라 부처님 가르침을 이해하는 자만이 지날 수 있다고 전한다. 문의 간격을 눈대중해본다. 잘하면 내 몸이 통과될 듯하다. 심호흡 한번 한 후 게걸음으로 몸을 슬슬 밀어 넣자 이내 바위가 나를 꽉 물어버린다. 내 재주로는 옴짝달싹도 못 해 누군가에게 도움을 청하려 해도 휴대 전화기마저 배낭에 넣어 발 디딤으로 두었지 않은가. 어쩌랴, 욕심 덩어리인 줄 모르고 몸 밀어 넣은 큰 잘못을.

부처님의 말씀도 모른 채 문을 지나간다고 붙잡은 모양이다. 동행한 친구는 발소리도 들리지 않는다. 철부지도 아닌 내가 별짓이야 할까 싶어 제 발길대로 갔나 보다. 소리쳐 봐야 바위는 내 목소리마저 삼킬 것이 분명하다. 누구라도 오면 반가우련만 오히려 빙충맞은 부끄러움을 드러내는 일이어서 홀로 몸부림치다 보니 바깥쪽으로 몸이 훌러덩 미끄러진다. 부처님께서 혼쭐을 내려다가 가엾은 중생이 불쌍해서 아량을 베푸신 걸까.

철조망 울타리를 넘어 삼인암으로 돌아 나오자 다른 바위 문이 또 시험에 들게 한다. 여기를 지나면 또 무엇을 가르칠지 궁금하다.

호기심을 앞세워 문을 지나자 큰 바위 틈으로 무릎 꿇은 소나무가 상체를 오롯이 세우고 있다. 이끼만이 살 수 있는 바위에서 나무는 어떻게 생존했을까. 모든 욕심을 버렸기에 살아남은, 비운 자만이 보여줄 수 있는 모습이다. 오랜 수행의 경지를 말하듯 만년송은 발아래 펼쳐지는 세상을 내려다보며 무언가를 설법하는 것 같다.

태어나고 싶은 곳을 선택할 수 있는 생명은 없다. 바람에 날리던 씨앗이 바위 위에 떨어져 틈으로 비집고 들었을 거다. 바위 틈에는 뿌리를 내려도 빨아올릴 양분이 별로 없다. 씨앗은 부처님의 땅에 떨어졌기에 그 가르침을 따르려면 한뉘 욕심 없이 살아야 한다고 여겼으리라. 하늘이 주는 양식만 먹고도 저리 푸른 생불生佛이 경이롭다.

인간 세상에도 아무나 들어갈 수 없는 문이 많다. 사람들은 거기로 들어가기 위해 갖은 노력을 한다. 나 역시 학문이나 취업의 문을 통과해 보았다. 이름 석 자를 드러내기 위한 관문을 통과하기 위해서도 갖은 애를 썼다. 하지만 누구나 어렵게 들어갔던 문도 다시 나오면 그 가르침을 잊어 죄를 짓거나 탐욕에 빠지기도 한다.

수많은 문을 지나야 하는 것이 인생이다. 앞으로 몇 개를 더 지나게 될지 알 수 없지만 쉽게 통과할 수 있는 문은 어디에도 없다. 젊은 날에는 채우기 위해 뛰었다면 이제는 작은 것부터 비우며 느릿하게 걸어볼 일이다. 이 세상의 무엇을 쥐고 있어야 마지막 문을 지나 홀가분하게 떠날 수 있을까. 빈손으로 와서 빈손으로 가는 인생, 흔하디흔한 말이 오늘은 천금의 가치로 다가온다.

극락으로 가는 문은 아무나 통과할 수 없다는 깨달음을 가르치느라 중암암의 문이 존재하는 것 같다. 돌문을 지날 때마다 등짐 하나씩 내려두었는가. 돌계단을 내려가는 발걸음이 사뭇 가뿐하다.

감천마을의 어린 왕자

시멘트 담장에 어린 왕자가 앉아 있다. 금발 머리에 초록색 외투를 입고 목에 두른 붉은 스카프가 바람에 날리는 것 같아 소혹성 B612에서 왔음을 일러준다. 그는 집 아래 집, 집 위에 또 집이 앉은 마을을 내려다본다.

어린 왕자는 저 집들을 무엇이라 해석할까. 코끼리를 소화하는 보아구렁이를 모자라고 할 수 없는 나는 저 집들이 진열해 둔 성냥갑 같다. 어린 왕자는 사랑스러운 애벌레를 키우는 고치이거나 꼬물꼬물 어둠을 뚫고 싹을 틔우려는 꽃씨라고 말하지 않을까. 좁은 길 사이에서 어깨를 나란히 하는 집으로 어스름이 스며들자 하나둘 별이 내린다. 저마다의 명암으로 피는 별꽃이 대견한지 곁에 앉은 여우도 흐뭇한 눈빛을 보낸다.

감천 문화마을에는 전쟁 당시 피난 보따리를 이고 지고, 어린 자식을 업고 걸리어 뿌리내린 사람들이 살고 있다. 가난이 세대를 이어가지만 벗어나지 못하는 건 단지 그 이유만은 아니지 싶다. 길들인다는 것, 그건 책임을 져야 하는 것이다. 그러기에 여길 떠난다는 것은 이율배반적이라 생각했는지도 모른다. 흔들리지 않는 힘이 뿌리겠지만 그것은 하루아침에 이루어지는 일이 아니니까.

빈약함이 세상 보는 눈을 키우는 것 같다. 마음 문은 언제나 열려 있어 네 것 내 것 없이 살아왔다. 내 일 네 일도 가리지 않았다. 그렇게 살아온 세대는 이미 자기 별로 돌아갔거나 시들어졌기에 다음 세대가 그 역사를 간직한다. 동화책의 삽화 같은 이곳은 이제 살아 있는 박물관이다. 소담한 집이 오밀조밀 있어 행복을 기원하는 몸짓 같은 곳, 그러기에 '문화'라는 색을 입혀서라도 이곳을 지키려 한다.

아래로 보이는 감천항이 고즈넉하다. 먹빛을 품은 항에는 시린 불빛이 흐릿하게 길을 내어 준다. 꼬리를 이어 달리는 자동차 경적 대신 산야의 종소리가 들려도 좋으련만 사방 불빛만 껌벅인다. 사람들은 어린 왕자와 오래도록 이야기를 나누고 싶은가 보다. 곁에 앉거나 어깨를 보듬어 함께 마을을 내려다본다. 나 또한 어린 왕자의 무릎에 손을 얹고 추억의 두레박질을 한다.

시골에서 이사하여 처음 살던 곳은 이 마을과 흡사한 곳이었다.

집 아래로 조선공사가 있어 거대한 선박을 두드리는 망치 소리는 범종처럼 나를 흔들다가 재우고는 했다. 산을 베고 누운 집들, 사람들이 그곳을 달동네라 했지만 나에게는 신비스러운 별동네였다.

밤이면 별들이 오롯이 지상으로 나들이를 나왔다. 별비를 맞느라 비탈진 곳에 앉아 밤늦도록 별지기가 되어도 좋았다. 고향 친구에게 어린 왕자가 전하는 이야기를 들려주려 편지를 쓰고 밤마다 그를 만나는 꿈을 꾸기도 했다.

야경은 매일 봐도 황홀했다. 정박한 배의 휘황찬란한 불빛이 밤바다에 꽃이었다. 그 꽃은 하늘과 바다의 경계가 지워지면 물속에 뿌리를 내렸다. 나는 세상에 모든 꽃이 물속에서 피어나 별이 되었다가 다시 지상으로 내리는 것 같았다. 건너편 산비탈에 무수히 핀 안개꽃, 잔잔한 별꽃이 밤새도록 깜박깜박 달동네를 지켰다. 내가 어린 왕자를 짝사랑한 것도 그의 별에 놀러간 것도 생애 최고의 선물이었다.

그 시절에는 새벽부터 도로에 양동이를 줄 세웠다. 며칠마다 배급되는 수돗물을 받기 위해서였다. 어머니의 양동이와 절반 크기인 내 양동이가 희붐한 여명보다 먼저 기다림을 익혔다. 빨래판에 연탄을 서너 장 얹어 머리에 이고 골목을 오르기도 했다. 가파르고 좁은 길에서 연탄을 나르다가 검은 석탄덩이를 망연하게 지켜보던 심정이라니. 연탄불에 국자를 올려 설탕을 녹이고 나무젓가락 끝으로 소다를 찍어 섞으면 누르스레하게 부풀어 오르던 달고나. 불에 구워 먹던 쫀드기는 어쩌고. 새벽이면 "재첩국 사이소!" 어김없이 등장하는 아낙의 목소리가 뽀얀 국물 속 부추만큼이나 정겨움으로 남았다.

달동네는 추억의 보물창고였다. 그믐밤 골목을 걸을 때면 어머니는 내게 일렀다. "쥐가 니 발등을 지나거든 '천석, 만석!' 하고 외쳐야 한데이." 쥐를 보기만 해도 심장은 방망이질을 해댔고 온몸에 소름이 돋았다. 무서움을 쫓게 하려던 어머니의 술책이었다. 하지만 쥐가 내 발등을 지나가면 어머니가 가르쳐준 주문이 먼저 도망가고 뒤늦게 어둠을 찢는 비명이 골목길을 내달렸다.

달을 가까이에서 본다고 달동네라지만 별을 셀 수 있다는 건 축복이었다. 난 여전히 그곳을 그리워한다. 어둠이 있어야 달도 별도 그 모습을 드러낸다. 보이지 않는 꽃 때문에 별이 아름답다고 했듯이 어디에 오아시스가 숨어 있어 사막이 아름다운 것이다. 문화마을이 아름다운 이유는 어린 왕자의 눈을 빌려 세상에 찌든 때를 씻고 가려는 사람들이 있어서일 거다.

감천 마을에는 골목골목 이야기가 피어난다. 현대를 살며 숫자에 길든 사람들의 발길도 끊이지 않는다. 그들이 어린 왕자 곁에서 사진을 찍는다. 나도 어린 왕자 옆에 선다.

사랑나무

낯뜨거운 장면이다. 백주에 사람들 눈을 무시한 나무 두 그루가 애정행각을 벌인다. 더위를 달래려고 숲에 왔는데 그만 몸이 더 더워진다. 태연한 척 보려는데 봉변을 당한 것처럼 얼굴까지 붉어진다.

함양 상림은 최치원이 태수로 재임 시 마을의 농경지를 보호하려고 조성한 인공림이다. 연꽃단지를 한 바퀴 돌고 숲에 들어서는데 금세 연리목이 맞이한다. 일반적으로 동일한 수종이 연리목이나 연리지를 이루는데 희귀하게도 이곳에는 느티나무와 개서어나무의 아랫도리가 하나로 붙어 있다.

사랑나무라 한다. 느티나무의 벗겨진 표피 속이 불그스레하여 수줍음을 타는 여인 같고 개서어나무는 검은 줄무늬가 아래로 거칠게 갈라져 마치 근육질 사내 같다. 영원히 함께할 인연을 맺은 나무임이 틀림없다. 그리하여 이곳에서 한 약속을 천년약속이란다. 옆에 세워둔 표지석도 희고 검은 돌이 하트를 이룬다. 그러기에 남녀가 손을 잡고 기도하면 그 사랑이 이루어지고 부부간에 애정도 한껏 두터워진단다.

버스 정류장에서 있었던 일이다. 서쪽으로 살포시 해가 기울어지는 중이라 대지의 열기가 남아 있었다. 더구나 벚꽃이 만발한 봄이기에 곁에 사람의 체온을 빌리고 싶은 계절도 아니었다. 버스를 기다리는 사람 중에 청춘 커플이 한 쌍 있었다. 멀쩡한 젊은 남녀가 각자의 집으로 돌아가기 싫은 것인지 마지못한 이별이 아쉬워서인지 한몸이 되어 떨어지질 않았다. 남의 눈 따윈 아랑곳하지 않겠다는 듯 텔레비전 화면에서나 볼 수 있는 짓을 예사롭게 했다.

남자가 두 손으로 여자의 얼굴을 감싸더니 입술도장까지 찍었다. 그러고도 부족한지 갈비뼈가 으스러지도록 껴안았다. 여자도 남자의 허리에 깍지를 끼고 앙탈부리듯 몸을 몇 번 털었다. 보지 않으려 해도 눈이 자꾸 갔다. 지난 청춘을 생각하니 이해는 되지만 우리의 의식이 요런 것에 코쟁이 흉내를 내는가 싶었다. 그렇다고 핑크빛 사랑을 눈치 없이 나무라다가 내 꼬락서니에 무슨 연애나 해 봤겠냐며 청춘도 이해 못하는 중늙은이 취급을 받을지도 모른다는 생각에 함부로 나설 수도 없었다. 애틋한 사랑과는 먼 나이가 되었기에 시기 질투로 본다면 내 인생마저 슬퍼질 것이 뻔했다. 하필 이럴 때 기다리는 버스는 왜 그리 안 오는지. 마지못해 환승을 미끼로 엉뚱한 노선인 줄 알면서도 덜컥 차에 올라버렸다.

결혼은 졸업 없는 어른의 학교라 한다. 서로 다른 환경에서 자라 기질이 다르고 성품도 다른 남남이 백년해로를 꿈꾼다. 완전히 다르면서 불완전한 두 인격체가 서로 밑바닥을 확인하느라 지지고 볶으며 살아간다.

연애라고 다를 것이 없다. 만남의 과정에서 각자의 성향을 고집하느라 티격태격할 수도 있다. 다만 더 많이 애틋하다는 것, 그러기에 헤어질 때면 시간이 딱 그대로 멈추었으면 싶어진다. 남자는 여자를 데려다 주고 돌아설 때가 가장 쓸쓸해지고 여자는 그런 남자의 등을 보며 흔드는 손에 가슴이 싸해진다.

저 나무인들 어디 쉬운 생이었겠는가. 느티나무의 습성으로 보면 가지를 섬세하게 뻗는 기질에 비틀리고 불거지면서 품을 키운다. 또 자가 치유의 의지처럼 깊은 상처를 가졌어도 푸짐한 그늘을 드리워 사람들의 쉼터 구실을 한다. 그러기에 고고한 산속보다 흙이 깊은 진땅에 서식이 좋으므로 민초들과 함께하는 나무이다. 개서어나무는 추위에 강하여 중부 이북에서도 월동이 가능하다. 잎 뒷면에 털이 있지만 곧게 자라는 습성이 있다. 하지만 둘 다 잎 가장자리가 톱니 모양이라 까탈을 다스리며 살아야 할 것이다. 두 나무는 각자의 습성보다 상대를 포용하며 자라는 게 확실하다. 시원스레 우듬지를 키운 것이며 둘의 품이 고만고만한 것을 보면 제 욕심만 채우지 않고 상대를 위한 삶인 것 같다.

서로를 알아가는 과정은 힘들고 고단하다. 나무도 천년의 약속이 헛되지 않으려고 무던히 노력하는 것 같다. 느티나무의 벗겨진 수피와 옹이가 그렇고, 개서어나무의 시멘트처럼 단단해진 수피도 그렇다. 더구나 느티나무는 품보다 키를 키웠고 개서어나무의 곧은 키가 한쪽으로 살짝 비켜있어 그리 알 수 있다. 이 모든 것이 상대를 위한 배려이다.

함께한 세월이 오래일수록 고요하고 삭막해지는 것이 남녀 사이인지도 모른다. 연인으로 있을 때에는 평생 변하지 않을 사랑 같지만 부부가 되면 더러 무덤덤해져 편안함에 안주한다. 저들이 백주에 부둥켜안고 있는 것이 보기에 민망하지만 어쩌겠는가. 사랑할 수 있을 때 사랑하는 것이 맞다, 저 연리목이 보여주는 것처럼.

연인이든 부부든 사랑나무 앞에서 사진을 찍으며 깔깔댄다. 이 더위에 투덜거리며 따라온 나도 언제 그랬냐는 듯 나무 앞에 서서 남편과 손을 모아 하트를 그려 본다.

바다로 가는 길목

열은 안개에 가려진 강은 뒤척임이 없다. 그 고요한 품으로 황포돛배 한 척 호젓이 앉았다. 뿌옇게 보이는 뱀섬도 겨울잠을 자듯 고요하다. 잎 하나 남김없이 떨어뜨린 사백 년 수령의 느티나무도 세월을 고스란히 품은 채 역사의 산증인이 되었다.

북한강과 남한강이 하나 되어 한강으로 가는 지점인 두물머리다. 강물은 부딪침의 소리나 흔적이 없이 제자리인 듯 흐른다. 금강산에서 흘러든 북한강과 강원도 금대봉 기슭을 스쳐온 남한강이 만났으나 어떤 경계도 보이지 않는다. 깊은 곳일수록 그림자의 색이 짙고 뚜렷함을 알리기라도 하는 듯 고사목이 의연하게 서 있다. 마른 연 대도 고개를 꼿꼿이 세웠다. 어디 그뿐인가. 물안개를 낀 풍광이 안온하기까지 하다. 두 강도 서로 외롭지 말라고 만난 것일까. 불혹을 넘기고 만혼한 막내시동생의 예식을 본 뒷날이라 그런지 두물머리에서 그들을 떠올린다.

시동생은 이십대에 꿈을 찾아 서울로 상경했다. 제대로 된 연애도 하지 않고 결혼 적령기를 훌쩍 넘기자 걱정스러웠다. 결혼이 필수라기보다 선택의 조건이긴 하지만 객지에서 혼자 생활하기란 불편함이 더 큰지라 안쓰러웠다. 시동생은 취미로 산악회를 리드하며 계절에 상관없이 전국 산을 다녔다. 아무리 경제적인 조건을 갖추었다 해도 가림 없이 다니는 것이 마땅한 사랑을 찾지 못한 탓이라 여겨졌다.

늦게나마 시동생이 사랑의 결실을 보아 다행이었다. 친구에서 연인으로, 다시 부부의 연을 맺기까지 십 년이란 세월이 흘렀다. 시동생은 경상도, 동서는 경기도 태생이다. 친구로 지낼 때는 뭣 하나 같은 것이 없었을지도 모르겠다. 하는 일도 전혀 다르다. 그러기에 서로의 거리감을 당연한 듯 유지하며 바라볼 수 있었다. 하지만 연인이 되자 가까이에서 서로의 부족함을 채워주려 노력했다. 다행히 산을 좋아하는 공통점이 크게 작용하였는지 드디어 백년가약을 맺었다.

사람살이도 저 강과 마찬가지다. 두물머리에서 만난 강이 끝내 바다로 흘러가듯이 사람도 인생의 항해를 나서는 시점이 결혼일 것이다. 서로 자라온 환경이 다르기에 인생의 두물머리를 찾기까지 각자 걸린 시간이 다를 뿐이다.

만혼이어서일까. 두 사람은 '소심이와 걱정이'란 겸손한 애칭으로 상대를 격려했다. 두 사람도 인생의 바다에 도착하기까지 수많은 생명체를 거두는 저 강의 품이 되어야 할 것이다. 어쩌면 그 항로에 생각하지 못했던 풍랑이 올 수도 있다. 하지만 둘이기에 무엇이 두려우며 무엇을 한들 아름답지 않을까. 강의 존재처럼 서로에게 필요한 사람이 되기 위해 다른 물줄기로 만났지 않았겠는가. 결혼은 누구나 그들만의 발원지가 되리라. 삶이 세상에 모조리 투영될 필요는 없을 테지만 물안개 자욱한 날이 있다 해도 멋질 것 같다. 강물처럼 넉넉한 마음으로 다독이며 유유자적 흘러간다면 두 사람의 인생 두물머리도 또한 깊어질 것이다.

황포돛배를 액자에 담아 본다. 물속으로 깊게 박힌 그림자가 뚜렷하다. 각도에 따라 화면 속 풍경은 조금씩 다르지만 어디로 보나 아름답기 그지없다. 넉넉히 들어앉은 느티나무며 시리도록 가느다란 나무줄기를 보이는 뱀섬도 신비롭다.

막내 부부는 결혼이 남들보다 늦었다고 삶을 서두를 필요가 없다. 언젠가는 망망대해에 도착할 것이니 강의 마음으로 살아가면 좋으리라. 초겨울 햇살이 강물에 업힌다. 바다로 가는 길목에서 시동생 부부의 행복을 빌어본다.

젖

포유류만 젖을 달고 있는 게 아니다. 세상 곳곳을 살펴보면 젖이 생기는 식물이 적지 않다. 민들레며, 선인장도 그렇지만 수령이 오래되어 젖이 생긴 나무도 있다. 청도 매전면 하평리에 있는 오백 년 된 은행나무가 그렇다.

아름드리 은행나무의 품은 둥그스레하다. 나무는 줄기와 가지 곳곳에 유주乳株를 달고 있다. 멀리서 바라보면 나무의 윤곽이 아기를 안고 젖을 먹이는 엄마의 모습 같다. 풍성한 잎사귀 사이로 초록 열매가 알알이 영글어간다. 나무가 서 있는 땅은 흙보다 돌이 더 많고 비탈지기까지 하다. 아무래도 척박한 곳이라 흙과 돌이 쓸려갈까 봐서인지 아래에는 엉성한 그물이 펼쳐져 있다. 작년에 떨어진 잎과 열매가 그물 사이에 걸려 썩어간다. 저것들이 나무의 자양분이 되어 수없이 유주를 불리나 보다.

나무는 앞섶을 풀어헤치고 서 있다. 누구든지 와서 젖을 먹으라는 것인가. 세상 돌다가 목이 말라 찾아온 사람들이 그 뜻을 알아차리는지 고개 들어 입을 벌린 채 젖줄기를 만진다. 손아귀에 힘을 주면 우둘투둘한 것에서 금방이라도 뿌연 액체가 흘러내릴 것 같다.

유주는 뿌리와 줄기의 성질을 모두 가진 경근체莖根體라 알려진다. 그 속에는 나무의 체온과 수액과 양분이 살아있는 액체로 함께 흐른다. 뿌리에서 물과 양분을 흡수시켜 저장하고 줄기로 물관과 체관을 도움질한다. 강풍이나 폭설에 견디는 것도 유주가 지지 역할을 돕기 때문이다. 사람들은 유주의 모양만 보고 나무 고드름이라 부른다. 고드름은 끝이 창처럼 뾰족하여 잘못하면 남에게 해를 입힐 수 있다. 또 종유석처럼 굳은 채 얼어 있는 물이다. 종유석은 지하수에 녹아 있는 석회 성분이 동굴 천장에서 굳은 것이므로 생명을 살릴 수 없다. 그러기에 내겐 유주가 젖으로 보인다. 일본에서는 치치(chi-chi)라 하여 '엄마의 젖'으로 부른다고 한다. 이것을 산모가 달여 먹으면 젖 분비가 좋아진다는 말도 있다. 나무뿌리 주변 환경이 영양흡수에 불리하면 유주가 생긴다니 자신을 내어 먹이고자 하는 모성과 다를 바 없다.

현대 엄마 중 최고의 소젖만 고집하는 사람도 있다. 우유는 인공적인 젖이라 적정한 온도로 맞추어도 엄마의 체온과 같을 수 없다. 성분도 가깝게 만들었을 뿐이므로 모유와 다르다. 수유하면서 피부로 교감하는 것도 아니어서 아기에게 더할 수 없는 에너지가 되기엔 부족하다. 그저 안에서 만들어진 영양분을 다시 밖으로 내는 모유의 유사품이다.

옛 엄마들은 아기에게 젖을 물리는 것을 당연하게 생각했다. 엄마의 젖은 뼈와 살의 진액이기 때문에 자식에게 먹이는 것을 거룩한 의무로 여겼다. 언제 어디서나 행복하게 가슴을 풀어 당당하게 젖을 물리는 엄마의 모습이야말로 최고의 건강함이요, 충만한 아름다움이 아닐까.

프란체스코 교황은 바티칸 시스티나 성당에서 영세 의식을 거행하면서 배고파 우는 아기에게 젖을 먹이라 했다. 젖은 생명줄만이 아니다. 아기한테는 성찬이다. 박수근의 그림 〈모자母子〉를 봐도 엄마와 아기가 무척 평온해 보인다. 엄마는 펑퍼짐하게 앉아 젖을 물리고 아기를 내려다본다. 아기는 엄마의 얼굴을 올려다보며 젖을 물고 한 손으로 다른 쪽 젖을 만진다. 엄마와 아기의 눈빛에서 수많은 말이 오고감이 보인다. 산모가 아기에게 젖을 물린 산후조리원의 광고 그림만 봐도 은행나무가 떠올려진다.

젖을 먹일 때 엄마와 아기는 세상에서 가장 귀한 교감을 나눈다. 엄마는 애정이 담긴 손길로 아기를 토닥이고 쓰다듬으며 끊임없이 말을 건넨다. 말을 알아듣지 못하는 아기지만 엄마의 목소리나 심장 소리를 들을 수 있어 평온을 느낀다. 그때 엄마의 사상이나 정서적인 안정감은 아기에게 최상의 뮤즈로 작용한다.

자식을 귀하게 여기지 않는 어미가 어디 있겠는가. 넘칠까 모자랄까 그 사랑에 항상 애를 다한다. 진흙 길을 걸어도 자식 앞이라면 엄마는 의연하다. 자식 목소리에 간절해지고 뒷모습을 보면서도 기도한다. 그리 혼과 열을 다해 자식을 거둔다.

은행나무는 자신뿐 아니라 주변의 환경까지 비옥하게 하려 젖을 냈다. 살아남기 위한 선택일지언정 젖줄기로 목마른 자를 위로한다. 바람과 햇살과 날개를 가진 곤충까지 젖을 먹여 힘을 준다. 만물을 거두는 품으로 사람들 발길이 이어진다. 나무 아래 서자 가슴이 따뜻해져 마른 목이 금방이라도 축여질 것 같다.

젖은 어머니의 마음이다. 아기의 양식이면서 살아갈 힘의 원동력이 된다. 또한 세상을 기름지게 한다. 대지를 적신 강이 새싹을 키우고 그 강이 말라도 대지가 풍요를 꿈꿀 수 있는 것처럼. 저 나무 같은 품을 지니고 싶다. 생명이 있는 것을 거둘 수 있는 품, 남의 자식도 내 자식처럼 사랑할 수 있는 품. 젖을 단 저 은행나무야말로 세상의 어머니인 것을.

은행나무의 유주에서 대지를 비옥하게 만드는 강을 본다.

| 작품 해설 |

의미와 이미지를 조율하는 감성의 미학

박양근(문학평론가, 부경대 명예교수)

이명길 수필의 문양을 생각하며

수필은 작가가 살아온 삶과 정신세계가 어울린 파노라마이다. 작가는 갖가지 풍경과 사물을 사용하여 간절히 바라는 꿈의 세계를 펼쳐낸다. 육성의 체취가 짙을수록, 시선의 농담이 맑을수록 생의 지도에 삶의 향기가 배어든다. 이명길의 수필이 생의 실내악인 이유도 그가 살아온 서사가 고스란히 담겨 있기 때문이다.

이명길의 수필은 탄탄한 언어와 순연한 사유로 직조되어 있다. 사철 꽃들을 한자리에 모아둔 수목원이기도 하다. 그녀의 정원으로 가는 길목마다 일상용품들이 수석처럼 박혀 독자의 호기심을 한껏 부풀린다. 이런 비유만으로도 따뜻하고 단정한 삶을 원했던 작가임을 알 수 있다.

이명길의 이력은 단순하다. 1957년 경주에서 태어나 초등학교 5학년 때 부산 영도로 이사하여 그곳에서 성장하였고 공직생활 10년과 논술 관련 일을 20년간 하였다. 3남매의 막내로서 어머니에 대한 애착이 남달랐으며 지금은 두 아이의 엄마이다. 평범한 가운데 성장기의 핍진한 아픔을 이겨내려는 의욕도 보여 준다. 2009년 토지문학제 하동소재 문학상을 시작으로 2013년 매일신문 신춘문예에 수필 「멀구슬나무」로 당선되고, 2014년 『문학나무』가 주간하는 '젊은수필작가'로 선정된 후 마침내 『나무속으로 들어간 새』를 상재하였다. 그 점에서 이 수필집은 작가로서의 입신과 그간의 삶을 함께 문양화하는 결실로 평가된다.

이명길 수필에 등장하는 소재는 평이하면서도 신선하고, 친근하면서도 낯설다. 세 잎 클로버 덤불에 감추어진 네 잎 클로버, 널찍한 장독대 모서리에 자리한 간장 종지 같은 것. 하지만 이런 것들이 인간의 삶을 결정하고 생활을 생활답게 한다. 그래서 이명길에게 수필은 꿈의 실타래이면서 삶의 오감도이다.

1. 목조木鳥에서 비조飛鳥로의 변용

이명길 작가는 "경험에서 출발하여 상상력이 배합된 글쓰기"를

원한다. 장식된 문장과 겉치레 구문을 멀리하고 "내 안으로 들이친 바람" 같은 영감으로 포착한 주변 사물들을 재해석하여 실존적 실체로 변형시킨다. 이런 수필 쓰기는 이명길 작가의 실존을 숨 쉬게 하는 징검다리이다. 그녀는 소재를 수평으로 확장하기보다는 수직적 심화로 소화함으로써 "더 자연스럽고 더 진솔하고 더 깊은" 생의 기호를 완성한다. 나무에 박힌 문양, 어릴 적 창문을 덮고 있던 담쟁이, 직지사 말사의 중암에서 발견한 탱화, 배부른 옹기와 낡은 신발, 심지어 체중을 끌어당기는 밧줄조차 그녀의 언어망과 의미망에 걸리면 한 편의 순아한 수필로 태어난다.

그녀는 무엇을 소재로 삼는가보다는 어떻게 소재를 읽어내는가에 집중한다. 해외기행이나 사회적 이슈보다는 창호지 문틈 사이로 스며든 햇살 같은 소재를 더 선호한다는 뜻이다. 소재를 포착하는 순간 그녀의 감수성은 호젓한 호수 면에서 피어오르는 안개처럼 그녀의 삶을 감싸 안는다. 이것이 그녀의 수필이 의미화를 지향할 때 보여주는 심적 현상이다. 그래서 그녀의 작품에는 작가 특유의 인생론과 문학적 욕망이 자연스럽게 배어난다.

표제작 「나무속으로 들어간 새」는 이명길의 삶이 어떻게 문학으로 직조되고 조율되는가를 밝혀주는 대표작이다. 새는 둥지에서 새끼를 치고 하늘로 비상함으로써 생명을 유지한다. 비상과 자유의 상징으로서 새는 신화와 설화와 문학에 자주 등장한다. 작가는 생태학적인 새보다는 신화적 매개체로써 새를 선택하여 "나무속으로 들어간 새"로 명명한다. 소나무 토막에 얼룩진 무늬가 새의 형상과 흡사한 것을 발견한 작가는 청정한 소나무의 기상과 새의 비상이라는 이미지를 글쓰기 욕망에 담아낸다. 이 물상을 의미화한 공정이 작가의 수필 시학에 일치한다.

> 푸드덕. 금방이라도 깃을 치며 날아오를 것 같은 새 한 마리가 나무속에 있었다. 작은 머리에 부리는 뾰족이 내밀고, 양쪽 날개는 수평으로 펼쳤다. 뻗친 꽁지깃에는 날고 싶은 수직 상승의 의지가 가득 담겼다. 부리 아래쪽 나무 틈은 새가 세상과 소통하도록 약간 갈라져 있었다. 비상의 형상이 나를 끝없는 상상으로 이끌었다.
>
> —「나무속으로 들어간 새」 일부

작가는 나무의 문양을 확장하려 한다. 그녀가 풀어내는 상상의 흐름은 신라 고분의 천마, 조상새 화석, 그녀의 지난한 삶, 욕망으로서 문학을 거쳐 "새로운 꿈"에 다다른다. 새와 나무가 이루는 꿈은 "포용과 조탁의 인연"이다. 그녀는 만물의 존재를 인연이라는 담론에 정착시킨다. 그녀에게는 부부의 인연, 부모와 자식 간의 인연, 작가와 문학의 인연은 모두 조탁의 결과이다. 그러므로 이명길이 문학으로 자신의 운명을 새삼 돌이켜보는 것은 너무나 당연하다.

문학은 마침내 내게 새가 되었다. 영생불멸은 아니더라도 언제부터인가 나를 치유하는 긍정적인 길잡이가 되어 내 속에 숨은 것을 드러내도록 해 주었다. 나의 얼이자 삶인 글, 나의 육신과 영혼을 남기는 글, 그것이 내게는 비상하는 모양으로 남겨진 새 자체이다. 종종 내 속에서 새 한 마리가 퍼덕이는 느낌을 받는다.

— 「나무속으로 들어간 새」 일부

작가는 새의 문양을 지켜보면서 신라 천년의 천마와 시조새를 상상한다. 하늘을 나는 형상은 문학에 대한 그녀의 꿈이 얼마나 강렬한가를 제시한다. 진정한 삶을 위해 비상하는 새를 꿈꾸고 생명체로서 문학을 포용하려는 것이다. 비상은 암담한 현실에서 꿈의 세계로 탈주하는 몸짓이다. 작가는 '나무속으로 들어간 새'의 형상으로 소나무의 불변성과 새의 생명을 결합하여 오래전의 상처를 치유하고 새로운 터를 마련하려 한다. 이것이 그녀가 처음으로 상재한 『나무속으로 들어간 새』이다. 달리 말하면 행복한 가정을 꿈꾸는 여성주의와 그 꿈의 동반으로서 남성의 존재를 복원하고 재확인한 결실이다.

2. 여성적 소재와 가정주의

이명길은 여성의 실존을 모성에서 찾으려 한다. 모성을 상징하는 자궁과 임산부의 배와 젖을 먹이는 유방이라는 여성의 몸은 남다른 소재일 수밖에 없다. 초경을 치르고 출산을 하고 행복한 가정을 꾸미려는 것이 여성의 욕망임을 알아차린 작가는 옹기에서 다산과 풍요라는 의미를 발견한다. 옹기를 가정주부가 추구하는 꿈에 접근시키고 옹기가 가마에서 나오는 과정을 해산에 일치시킨다. 물과 불과 흙이 지닌 생명애에 대한 애착은 그만큼 간절하다.

> 장인을 도와주는 옹기장이가 흙으로 봉해진 아궁이 앞에 섰다. 가마의 해산식解産式이라 흰 옷을 정갈하게 차려입고 머리에 흰 끈도 동여매었다. 하얀 고무신까지 신었다. 그 모습이 귀한 자식을 받으려는 산파 같다.
>
> ―「해산解産」 일부

가마에서 옹기가 나오는 광경을 지켜보는 작가는 산파의 도움을 받아 아기를 출산하는 임산부를 떠올린다. 붉은빛과 흰빛이 어울린 가마의 이미지는 아이를 낳는 "아름다운 고통"을 연상시켜 준다는 점에서 주술적인 효과를 지닐 뿐만 아니라 풍요와 다산을 소망하는 여성의 무의식에 일치된다. 산모의 배라는 언어에서 유래되는 출산은 문학창작이라는 또 다른 탄생으로 연결된다. 이명길의 글쓰기에서 남편, 아들, 어머니, 아버지가 빈번하게 등장하는 이유도 가정을 모티프로 삼은 글쓰기 때문이다.

옹기 이미지는 여러 살림살이 도구로 뻗쳐간다. 작품의 제목들을 살펴보아도 그 추이는 뚜렷하다. 반찬을 준비하는 하루 세끼 외에 갓난아이를 키우는 젖, 음식 간을 맞추는 소금, 칼국수를 만드는 홍두깨 등은 옹기와 동일한 해석 방향을 갖는다.

오백 년 수령의 은행나무 유주를 포유류의 젖에 일치시킨 작품이 「젖」이다.

> 아름드리 은행나무의 품은 둥그스레하다. 나무는 줄기와 가지 곳곳에 유주乳株를 달고 있다. 멀리서 바라보면 나무의 윤곽이 아기를 안고 젖을 먹이는 엄마의 모습 같다. 풍성한 잎사귀 사이로 초록 열매가 알알이 영글어 간다.… 저것들이 나무의 자양분이 되어 수없이 유주를 불리나 보다.
>
> ―「젖」 일부

은행나무를 옹기의 형상으로 그려내는 작가는 다산을 유주로 형상화한다. 은행나무를 아이에게 젖을 먹이는 모성에 일치시키는 상상은 종교적으로는 성모 마리아를, 신화적으로는 땅의 여신 데메테르를 떠올려준다. 그들은 모두 '땅의 어머니'라는 동일한 의미를 가짐으로써 여성이 바라는 이상세계를 대행하고 있다. 모유를 먹이는 모성이 점점 소멸하여 가는 오늘날, 나무의 즙액으로 생활의 원동력을 제시하는 작가는 대지를 적시는 강을 떠올림으로써 "젖을 단 저 은행나무야말로 세상의 어머니"라는 명제를 이끌어낸다. 나무에서 모성원리를 찾아낸 작가의 상상이 돋보이는 이유가 여기에 있다.

칼국수를 만드는 과정을 서사화한 「반죽을 하며」는 가정주부의 역할을 재강조한다. 가정주부는 가족에게 밥을 지어주고 가족을 보듬어 안는 존재이다. 반죽을 밀어내어 가장자리를 넓혀가는 홍두깨는 어머니의 매운 시집살이를 회상시켜 주지만 작가는 자신의 모성적 소명을 대변하는 기표로 삼으려 한다.

> 마음도 스스로 다독여야 점성이 더해진다. 누구나 기쁨과 즐거움을 추구하지만, 그것만 있다면 인생은 무미건조하다. 맵고 짜고 시고 단맛까지 적당히 섞여야 삶도 단조롭지 않다.
>
> —「반죽을 하며」 일부

작가는 인생이란 홍두깨로 밀가루 반죽을 밀듯 서로 어르는 것이라고 말한다. 그럴수록 "홍두깨의 표면에는 세월의 문양"이 새겨지고 여성으로서 자전적 기록을 펼쳐낼 수 있다. 「해산」의 제재였던 '옹기'와 「반죽을 하며」의 '홍두깨'가 「소금꽃」에서 「항아리」로 되살아난다. 항아리 외면에 생긴 소금가루를 "세상 어머니의 삶"이라는 의미소로 풀어내는 이유도 항아리의 너그러움과 소금의 간맛이 여성적 실존이라고 믿기 때문이다. 소금이 없으면 음식 맛을 조절

할 수 없듯이 여성이 없으면 인간의 행복과 가정의 안정이 이루어지지 못한다. 있는 듯 없는 듯 하는 주부의 역할이 물과 음식에 녹아드는 소금과 닮았으므로 그녀는 소금을 '소금小金'이라 명명한다. 볼품없는 항아리가 해산의 이미지를 갖고 소금이 귀한 이름을 얻는 가운데 이명길의 가정주의는 더욱 격을 높여간다.

주목할 점은 옹기, 항아리, 홍두깨에 대한 소재의식이 이중적이라는 사실이다. 이것들은 다산과 풍요를 의미하지만 결핍에 대한 강박관념도 숨기고 있다. 라캉은 욕망이란 갖지 못한 것에 대한 심리적 보상으로서 인간이 살아가게 하는 원동력이라고 설명하였다. 이명길이 갖가지 생활도구로써 여성의 가정주의를 표현하는 배경에는 그렇지 못했던 어머니에 대한 안쓰러운 그리움이 담겨 있다.

매일신문 신춘당선작 「멀구슬나무」는 그늘진 집안사를 나무에 비유한 글이다. 멀구슬나무는 남편과 거리를 두었던 어머니의 입장을, 왕벚나무는 아버지가 데려온 젊은 여자의 처지를 나타낸다. 두 나무는 기생관계이면서 공생한다. 작가가 기억하는 어머니는 젊은 여자에게 아버지의 옆자리를 빼앗겼지만 주부의 역할을 꿋꿋이 견디어 내면서 그 여자를 공존의 대상으로 맞아들였다.

> 어머니는 생채기를 바람과 햇살에 맡겼다. 입을 닫고 사는 일도 어머니 나름의 세상을 견디는 방식이었다. 가슴에 고여 있는 것도

한 치 곁에서 바라보았다. 물 흐르듯 가는 게 인생이라 아우성치면 오히려 궁색한 변명이 될까 봐 겁이 났는지도 모른다. 외로움 속에서도 후덕함을 보이려고 애를 쓰는 어머니의 행동은 스스로 뭉그러지지 않으려는 몸부림이었을 것이다. 그것은 어머니에게 성숙한 영혼이 되기 위한 연습이기도 했다.

—「멀구슬나무」 일부

작가는 삶에 대해 성실하다. 빛과 그늘을 차별하지 않는다. 그 성실성을 보여주는 「멀구슬나무」는 어머니의 성품을 있는 그대로 받들고 있다. 어머니는 개인적 행복보다는 가정의 화평을 지켜내는 성숙한 영혼이 되고자 노력하였다. 작가는 멀구슬나무를 지켜볼 때마다 새삼 "외로움 속에서 후덕함"이라는 어머니의 미덕을 생각한다. 나아가 어머니의 불행을 자신은 되풀이하지 않으려는 강박관념으로 다산과 풍요의 가정주의를 꿈꾸게 된다. 이것이 이명길의 작품을 가정주의 관점에서 읽을 때 밝혀지는 상실과 풍요의 이중주라 하겠다.

3. 남성 이미지의 붕괴와 부활

이명길의 수필에서 여성성이 살림 도구로 제시된다면 남성성은 사물의 질적 차이로 표현된다. 남성적 소재는 종류보다는 낡음과 새로움으로 나누어진다. 빈집과 헌 신발과 낡은 배와 번지점프용 로프는 남성의 쇠락과 건강, 구세대와 신세대를 각각 상징한다. 그 인식은 아버지와 남편으로 구분되어 전자에게는 낡음, 폐기, 질병, 죽음 등의 단어가, 후자에서는 활력, 책임, 애정, 신뢰라는 언어가 부여된다. 나아가 작가는 단절의 방식으로 상이한 남성상을 등장시킨다. 아버지의 일생에 대한 묘사는 노쇠한 세월에 매여 있다. 「낡은 화첩」이 사람이 살지 않는 빈집을, 「폐선 옆에서」가 모래톱 위에 버려진 낡은 배를 제재로 삼는 것도 이 때문이다.

작가에게 아버지는 "잉크 냄새만 내느라 흙을 몰랐던" 분이다. 공무를 살피다 보니 가장의 임무를 소홀히 하였지만 본인의 의도라 말할 수 없다. 「폐선 옆에서」는 굴곡진 삶을 거친 아버지를 이해한 딸이 그의 만년을 안타깝게 회상하는 분위기를 시종 끌고 간다.

> 아버지는 정박한 배처럼 낡아갔다. 시간과 비례한 녹이 곰팡이처럼 전신에 번졌다. 심장의 기능이 떨어지고 수리한 기관마저 기능을 되찾지 못해 덜거덕거렸다. 숨조차 고르지 못한 아버지는 요양병원이 인생의 마지막 정박지라 여겨졌는지 하루살이처럼 뱅뱅거리던 희망마저 지워버렸다.
>
> — 「폐선 옆에서」 일부

아버지가 입원한 요양병원이 폐선처럼 섬으로 그려진다. "낡은 배, 질병, 요양병원, 마지막 정박지, 결박, 죽음의 능선" 등의 불활성체 언어들은 작가가 기억하는 아버지가 어떤가를 드러내면서 "험난한 항해에 남은 상처"라는 부성 이미지를 묶어낸다.

남편과 아들에 대한 작가의 관심은 아버지에 대한 입장과 전혀 다르다. 그들에 대한 작가의 심정은 역동적이고 낙관적이며 활기가 넘치는 어조로 표현된다. 자전거 타는 남편의 건강한 모습을 소개하는 「화양연화」, 남편의 부지런한 사회활동과 가장의 책무를 합친 「구두를 읽다」, 부자가 한탄강에서 했던 번지점프를 포착한 「번지점프」는 가족 간에 교감되는 신뢰감이 어느 정도인가를 밝혀주는 작품들이다.

> 남편은 봄바람이 났다. 나이 들면서 궁둥이 붙이고 집에 있을 새가 없다. 언제부터 자전거를 타기 시작하더니 이참에는 타 지역으로 하이킹을 떠났다. 가슴으로 든 바람도 맥 놓을 때가 있을 텐데 남편에게 든 바람은 나이가 들어도 재워지지 않는다.
>
> ― 「화양연화」 일부

건강을 위하여 운동에 열중하는 남편을 소개하는 「화양연화」의 중심어는 "남편은 봄바람이 났다."이다. '봄바람'은 남편의 젊은 마음을 나타내면서 아내의 신뢰와 믿음이 전달하는 위트이다. 그녀는 남편이 하이킹을 떠난 지 보름 동안 연락이 없어도 "또 한 번의 아름다운 봄날이다."라고 말한다. 오늘날의 남성을 "외로움의 전사"라고 부르는 은유도 남편에 대한 감사의 마음을 전달하기에 부족함이 없다.

「구두를 읽다」의 제재인 구두는 옹기와 대비되는 남성 이미지를 갖는다. 옹기가 해산이라는 여성의 노동을 떠올려준다면, 구두는 밥벌이라는 남성의 노동을 전달한다. 사람의 체중을 받쳐주는 구두는 인간이 걸치는 것 중에서 가장 낮은 곳에서 가장 힘든 노동을 담당하는 물상이다. 그것은 가족을 위하여 갖가지 고통을 감수하면서 일을 하는 가장의 처지를 연상시켜 준다. 그래서 뻣뻣한 구두를 마다하고 낡고 해진 구두를 바라보면서 작가는 남편에게 벅찬 고마움을 느끼게 된다.

> 구두는 사람의 풍채를 들었다 놓았다 한다. 그러기에 여러 켤레를 두고 구색 맞춰 신는다. 더러는 발을 넣을 때마다 광을 내고 밑창 갈무리도 잘해야 한다. 하지만 길이 덜 든 구두일수록 뻣뻣하여 구둣주걱으로 뒤축을 달랜다.
>
> 남편은 새 구두를 좋아하지 않았다. 빽빽하여 발이 갑갑하다고 했다. 새것도 신는 버릇해야 길들여진다고 하자 어느 날 새것을 신고 나가서 낡은 구두로 바꿔 왔다.
>
> ―「구두를 읽다」 일부

보통 남자들의 외출용 구두는 깔끔하지만 그런 구두는 생활 속의 신발은 아니다. 남편은 "새것을 신고 나가서 낡은 구두로 바꿔 왔다."는 일화로써 가장의 책무를 보여준다. "세상살이에 푹 젖은 구두는 눈물 빵을 먹어본 사람처럼 부드럽다."는 아포리즘을 남편에게 바치는 것도 어렵게 살아온 사람만이 여유로운 마음을 가진다는 작가의 생각을 반영한다. 작가가 「해산」에서 언급한 "가정과 사회에서 고단함을 지켜내느라 생긴 옹이"의 미학이 남편의 낡은 구두에서 재현하는 것이다.

「번지점프」는 직장에 사표를 낸 남편과 입대한 아들을 주인공으로 삼은 글이다. 번지점프는 용기와 담력으로 현실에 도전하는 스포츠로서 가족 간의 신뢰를 단단한 끈으로 묶어낸다. '점프'는 남편과 아들이 사회와 가정에서 굳센 기둥이 되기를 기대하는 염원을 표현하고 있다.

> 남편에게 가장 튼실한 줄은 가정이고 가족이다. 만만하지 않은 사회에 부딪히며 헤쳐 나갈 수 있는 것도 가정이 있어서다. 사회에 내몰린 삶은 차가운 철골 위 점프대에서 줄을 매고 서 있는 것과 같을 터라 항상 불안할 수밖에 없다.
>
> ―「번지점프」 일부

「번지점프」를 풀어내는 "담력, 역동성, 임계점, 외줄의 탄성, 반동의 힘"은 남성의 역할이 무엇이며 어디에 있는가를 제시하는 화소들이다. 모태의 탯줄로 태어난 남성은 목숨이 다할 때까지 삶의 밧줄을 붙들어야 하고 이것은 남성으로서 누구나 지켜야 할 도리이다. 용기로서 다산과 풍요를 이끌어내었던 작가는 번지점프로서 집안 남성의 그 책임의식을 강조한다. 가정주의와 남성주의가 이명길 수필의 두 주제임을 확인해주는 부분이기도 하다.

작가는 둥지에 앉지 않는다

이명길의 수필은 동심원적인 구성을 이루고 있다. 나, 부모, 가족, 이웃, 주변 사물로 뻗어가는 소재는 질적 균형을 이루면서 상호 긴밀한 관련성을 더해간다. 이러한 의미체계는 정치한 구성과 꾸밈없는 문장력으로 완성도를 더하게 된다. 나아가 어머니에 대한 애정과 아버지에 대한 연민과 남편과 자식에 대한 사랑은 가정주의 범주 안에 자리한다.

수필은 작가의식으로 이루어진다. 작가의식은 끊임없는 비상을 위한 바람을 찾는다. 바람이란 예술에 필요한 영감으로서 무슨 소재를 선택하느냐가 아니라 어떻게 상상의 기운으로 펼쳐내는가에 달려있다.

이명길은 시종 사물을 지켜볼 때마다 현실이라는 둥지를 벗어난다. 현실적 삶을 위해 가정이라는 둥지를 지키고 있지만 일단 글을 쓰기 시작하면 그녀의 정신은 문학이란 날개에 얹힌다. 천공의 상공에서 자신의 가족과 이웃과 사물을 내려다보면서 그들의 인연과 형상을 문자로 풀이한다. 이러한 심미적 위치가 남다른 해석의 여지를 만들어낸다. 수필을 쓸 때 삶의 맥놀이와 언어의 의미를 함께 놓치지 않는다는 증거이다. 그 비상을 이루어낸 작품집이 『나무속으로 들어간 새』이다.

이명길 수필집

나무속으로 들어간 새

인쇄 2017년 6월 1일
발행 2017년 6월 5일

지은이 이명길
발행인 서정환
펴낸곳 수필과비평사
주소 서울시 종로구 삼일대로 32길 36(익선동 30-6 운현신화타워 빌딩) 305호
전화 (02) 3675-3885, (063) 275-4000 · 0484
팩스 (063) 274-3131
이메일 sina321@hanmail.net essay321@hanmail.net
출판등록 제300-2013-133호
인쇄 · 제본 신아출판사

ISBN 979-11-5933-086-5 03810
값 13,000원

이 도서의 국립중앙도서관 출판예정도서목록(CIP)은 서지정보유통지원시스템 홈페이지(http://seoji.nl.go.kr)와 국가자료공동목록시스템(http://www.nl.go.kr/kolisnet)에서 이용하실 수 있습니다.(CIP제어번호: CIP2017012988)

Printed in KOREA